# MARCO POLO

# Oberitalienische Seen

W0087428

Diesen Führer schrieben Manuschak
Karnusian und Jürg Steiner. Beide
haben mehrere Jahre im Tessin gelebt
und gearbeitet. Die Aktualisierung
besorgte Carlo Weder.

## marcopolo.de

Die aktuellsten Insider-Tipps finden Sie unter
www.marcopolo.de, siehe auch Seite 101

MAIRS GEOGRAPHISCHER VERLAG

## SYMBOLE

 **MARCO POLO INSIDER-TIPPS:**
Von unseren Autoren für Sie entdeckt

★ **MARCO POLO HIGHLIGHTS:**
Alles, was Sie an den Oberitalienischen Seen
kennen sollten

 HIER HABEN SIE EINE SCHÖNE AUSSICHT

 WO SIE JUNGE LEUTE TREFFEN

## PREISKATEGORIEN

**Hotels**

| €€€ | über 110 Euro |
| €€ | 55–110 Euro |
| € | bis 55 Euro |

Die Preise verstehen
sich für zwei Personen
im Doppelzimmer
ohne Frühstück.

**Restaurants**

| €€€ | über 38 Euro |
| €€ | 24–38 Euro |
| € | bis 24 Euro |

Die Preise verstehen sich
für ein durchschnittliches
Menü mit Getränk, aber
ohne Flaschenwein.

## KARTEN

[112 A1] Seitenzahlen und Koordinaten
für den Reiseatlas Oberitalienische Seen

Karten zu Como, Lecco, Locarno und Lugano
finden Sie im hinteren Umschlag.

Zu Ihrer Orientierung sind auch die Orte mit
Koordinaten versehen, die nicht im Reiseatlas
eingetragen sind.

## GUT ZU WISSEN

# INHALT

# Die wichtigsten
## MARCO POLO Highlights

**Sehenswürdigkeiten, Orte und Erlebnisse,
die Sie nicht verpassen sollten**

 **Filmfestival Locarno**
Der Höhepunkt des Tessiner
Sommers, wenn die Piazza
Grande zum Freiluftkino wird
(Seite 25)

 **Promenade in Ascona**
Die Piazza am See ist die
Flaniermeile des Weltdorfs
Ascona (Seite 32)

 **Rocca di Angera**
Die stolze Burg hoch über der
Kleinstadt am Lago Maggiore
glänzt mit stilvollen Räumen
und zwei Museen (Seite 33)

 **Madonna del Sasso**
Nicht nur Pilger besuchen den
berühmten Wallfahrtsort bei
Locarno mit der grandiosen
Aussicht und den reichen
Kunstschätzen (Seite 38)

 **Flussbaden in den
Tälern Locarnos**
Der Badeplatz mit den glatt
geschliffenen Felsen in Lavertezzo im Verzascatal ist ein
tausendfach abgelichtetes
Fotomotiv (Seite 40)

 **Borromäische Inseln**
Die Borromäer haben auf den
Inseln vor Stresa ihren Hang
zum Prunk und zur großartigen
Gartengestaltung ausgelebt
(Seite 43)

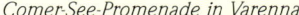

*Comer-See-Promenade in Varenna*

*Il duomo in Como*

 **Aussichtsberg Mottarone**
Der Berg oberhalb Stresas ist
teilweise ziemlich verunstaltet,
doch der Botanische Garten
ist allemal einen Besuch wert
(Seite 44)

 **Via Nassa in Lugano**
Die elegante, autofreie
Einkaufsstraße in Lugano
(Seite 54)

 **Piazza Riforma in Lugano**
Der Freiluftsalon der Stadt,
am Abend Begegnungsstätte
und Schauplatz für Musik
und Unterhaltung
(Seite 55)

 **Hermann Hesses Montagnola**
Der Hesse-Spazierweg und
Wanderungen auf des
Dichters Spuren (Seite 58)

 **Morcote**
Das Uferdorf am Luganer
See ist eine Augenweide
und besitzt bemerkenswerte
Kunstschätze (Seite 59)

 **Bellagio**
270 Grad Seesicht: Kein Ort
liegt so spektakulär wie
Bellagio an der Gabelung
des Comer Sees (Seite 67)

*Hesse-Spazierweg in Gentilino*

 **Comos Dom**
Das gewaltige Baudenkmal
in der Altstadt kündet vom
Reichtum der Stadt (Seite 70)

 **Villa Manzoni in Lecco**
In der Stadt spürt man noch
den Geist des romantischen
Dichters der »Verlobten«
(Seite 77)

 **Aperitif in Varenna**
An der Seepromenade
sitzen und genüsslich ein
Glas Weißwein trinken
(Seite 79)

 *Die Highlights sind in der Karte auf dem hinteren Umschlag eingetragen*

# Entdecken Sie die Oberitalienischen Seen!

## Das südalpine Dreiseengebiet hat eine magische Anziehungskraft

**E**s ist ein Glück, unter Kastanien zu gehen, sagst du an einem Novembermorgen zu mir, während die gebündelten Maishalme unter den Fenstern leuchten und die Dorffrauen die Tür zum Laden öffnen. Es ist ein Glück, das Leben zu schwänzen, das uns nicht gehört, um dem Rascheln der Blätter zu lauschen, das nur uns gilt ...« Sensibel fängt der Tessiner Schriftsteller und intellektuelle »Grenzgänger« Alberto Nessi (geb. 1940) die Stimmung im oberitalienischen Dreiseengebiet ein: diesen leuchtenden Hauch von Süden, die mediterrane Leichtigkeit des Lebens, durchzogen von einem Hauch erdenschwerer, aber nie deprimierter Melancholie.

Nicht zufällig heißen Nessis Bücher »Terra matta – verrücktes Land« oder »Mit zärtlichem Wahnsinn«: Es sind authentische Zeugnisse aus einer Region, die kaum jemanden kalt lässt, die einen umgarnt, gefangen nimmt – und gleichzeitig herausfordert. Lago Maggiore, Lago di Lugano, Lago di Como: wo subtro-

*In Terrassenlage an der Sonnenseite des Luganer Sees: Gandria*

*Exotische Blütenpracht ist allgegenwärtig in den Villenparks*

pische Kamelien vor schneeweißen Gebirgszügen leuchten, wo das intensive südliche Licht zackige Bergspitzen messerscharf in den blauen Himmel zeichnet, wo sich farbig verputzte, mediterran anmutende Häuserzeilen im klaren Seewasser spiegeln.

Es ist die magische Anziehungskraft eines Grenzlandes, eines Territoriums, das nicht nur die Schweiz und Italien verbindet. Im oberitalienischen Seengebiet treffen sich die Alpen und das Mittelmeer, urbane Power und ländlicher Gleichmut, exotische Blütenpracht und wilde Urwälder, verblichener aristokratischer Glanz und entfesselte Wirtschaftsdynamik: Diese Dichte an

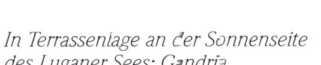

# Geschichtstabelle

**2000 v. Chr.** Die Lombardei und das Tessin sind spätestens ab der Bronzezeit besiedelt

**500 v. Chr.** Die keltischen Insubrer besiedeln das Gebiet der Oberitalienischen Seen von Norden her

**300 v. Chr.–5. Jh. n. Chr.** Die Römer übernehmen das Kommando und christianisieren die ganze Region

**6.–11. Jh.** Die Langobarden dringen nach Oberitalien vor. Mitte des 8. Jhs. werden sie von den Franken abgelöst. Bis ins 11. Jh. steht Norditalien im Einflussbereich des deutschen Kaiserreichs

**12./13. Jh.** Das Bürgertum in Oberitalien baut selbstständige Stadtrepubliken auf

**1277** Die Visconti kommen in Mailand an die Macht und drücken der ganzen Region ihren Stempel auf. Ab 1450 übernehmen die Sforza die Herrschaft. Sie treiben Machtgebaren und Kunstgenuss auf die Spitze

**1478** In der Schlacht bei Giornico fügen die Eidgenossen Mailand eine Niederlage bei und stoßen gegen Süden vor

**1515** Die Schweizer werden zurückgeschlagen. Sie sichern sich das heutige Tessin

**16.–18. Jh.** Mailand fällt an die spanischen Habsburger, später an Österreich

**1796** Napoleon marschiert in Norditalien ein

**1803** Auf Napoleons Order werden die unterjochten Tessiner Vogteien zu einem gleichberechtigten Kanton der Eidgenossenschaft

**19. Jh.** Nach dem Wiener Kongress fällt die Lombardei an Österreich. Garibaldis Freiheitsbewegung, das Risorgimento, vertreibt die Österreicher 1848 aus Mailand. 1861 wird Italien zum Königreich

**1882** Eröffnung des Eisenbahntunnels durch den Gotthard

**1925** Im Pakt von Locarno wird der Frieden nach dem Ersten Weltkrieg konsolidiert

**1944** Partisanen halten 40 Tage dem Druck der Nazitruppen und der faschistischen Verbände Italiens stand

**1980** Eröffnung des Straßentunnels durch den Gotthard

**1998** Eröffnung des Flughafens Mailand-Malpensa am Südende des Lago Maggiore

**2001** Eine Brandkatastrophe im Gotthard-Straßentunnel legt die wichtigste Nord-Süd-Verbindung monatelang lahm

*Hinter diesem Tor liegen die Gärten der Villa Carlotta am Comer See*

landschaftlichen Gegensätzen, kulturellen Impulsen und gesellschaftlichen Reibungsflächen auf engem geografischem Raum macht das Gebiet zu einem Urlaubs- und Begegnungsraum, in dem die überraschenden Entdeckungen nie ausgehen und der ernolsame Müßiggang nicht zu kurz kommt

Das Sonnenbad auf dem heißen Granitblock am rauschenden Bergbach im Tessiner Maggiatal, der kühle Rotwein im Grotto mit Blick auf den Luganer See, die genussvolle *cena* in der stilvollen Trattoria in Como, das gelungene Schnäppchen auf Carnobios schrillem Markt – unzählige Erlebnisse voller Wärme liegen an den Oberitalienischen Seen in Ihrer Reichweite. In den letzten Jahren hat auch die ansässige Bevölkerung ihr eigenes Territorium als interessantes Freizeitterrain wiederentdeckt – und festgestellt, dass es sich für sanfte, familienfreundliche Erholungsformen

*Subtropische Kamelien vor weißer Bergkulisse*

abseits von teuren Luxusherbergen bestens eignet. In herrlicher Aussichtslage über den Seen locken in den Wäldern und Kastanienhainen phantastische Wanderreviere. Das Kulturangebot erschöpft sich nicht in antiken Kirchen und anspruchsvollen Museen: Gerade im Tessin sind Ortstermine bei den zahlreichen Experimenten moderner Architektur eine Bereicherung. Und Liebhaber von Trendsportarten – Jogger, Biker, Surfer, Inlineskater, Kletterer oder Adventurefreaks – finden ein reiches, teilweise sogar noch kaum entdecktes Tummelfeld.

Dass ausgerechnet Comer See, Lago Maggiore und Luganer See die mitteleuropäische Südsehnsucht so ausdauernd nähren, ist kein Zufall. Ab dem 18. Jh., als technische Meisterleistungen die Routen über die Alpen sicherer und einfacher machen, beginnen immer mehr Intellektuelle, über die Pässe zu steigen, um nach Italien, ins klassische Land der Kunst, zu gelangen, in eine bizarre Seenlandschaft, deren mildeste Winkel die Mittelmeerküste vorwegnehmen. Ein »erhabenes Szenario« sei das, notiert etwa der große englische Maler William Turner im 19. Jh. begeistert. Nicht nur er lässt sich zu Bildern und Texten anregen, die nördlich der Alpen die abschüssige Bergregion im Süden zur geheimnisvollen Verheißung des Mediterranen werden lassen. Auf diesem gedanklichen Boden entwickelt sich das oberitalienische Seengebiet zum Zufluchts- und Inspirationsraum für die deutschsprachige Kulturelite.

Angeregt durch eine erwachte Tourismusindustrie, die die idealistischen Beschreibungen der Künstleravantgarde in moderne Werbebotschaften übersetzt, wird die südalpine Seenlandschaft mit Beginn des Autozeitalters ab den Sechzigerjahren und erst recht nach der Eröffnung des Gotthard-Straßentunnels 1980 zum Ziel des Massentourismus.

Erstaunlicherweise hat sich die Magie des oberitalienischen Seengebiets auch im Zeitalter der Billigflüge nach Übersee nicht überlebt – weil der gebaute Luxus des Geldadels, obschon er seine Patina da und dort verloren hat und traurig vor sich hin modert, auch im 21. Jh. noch viele Träume anregt. Dieser nostalgische Mythos trifft an den Oberitalienischen Seen auf die gelebte Realität der Einheimischen – und deren raue Echtheit steht zur polierten Ferienfassade in eindrucksvollem Kontrast. Genau das macht das Gebiet indes erst recht besuchenswert.

Ähnlich kontrovers verhält sich der Ruf des oberitalienischen Seengebiets als Oase der Ruhe, als ungestörte Gartenlandschaft zur Realität des hochdynamischen Wirtschaftsgebiets im Sog der Millionenmetropole Mailand. In einer immensen Zahl von Kleinbetrieben schuften oft ganze Familien, vor allem in den Sparten Textil und Möbel, aber auch in Zukunftsbranchen wie der Lebensmitteltechnologie – und schaffen einen Reichtum, der sich in enthemmter Konsumlust entlädt.

In diesem frenetischen Lebensrhythmus im Herzen des oberitalienischen Seengebiets bildet das Tessin einen Sonderfall. 300 Jahre lang waren die Tessiner Täler untertänige Vogteien der Eidgenossen, ehe sie Napoleon vor gut 200 Jahren befreite und als selbstständigen Kanton der Schweiz zuschlug. Der Minderwertigkeitskomplex des italienischsprachigen Tessins gegenüber der übermächtigen Deutschschweiz hält tendenziell bis heute an. Deutschschweizer Patrons nutzen das Tessin nach dem Zweiten Weltkrieg als helvetisches Billiglohnland, indem sie italienische Grenzgänger(innen) anheuern, die in arbeitsintensiven Branchen zu miserablen Löhnen im Tessin arbeiten. Noch heute fahren täglich fast 30 000 italienische Grenzgänger ins Tessin zur Arbeit.

Ab den Sechzigerjahren sehen viele Tessiner den anrollenden Tourismusboom als einträgliche Profitmöglichkeit und verscherbeln ihr Land an finanzkräftige Deutschschweizer und Deutsche. Die Tessiner Sonnenhänge werden rücksichtslos überbaut, die deutsche

*Kühler Wein im schattigen Grotto mit Seeblick*

Sprache ist, vor allem in der Region Locarno, omnipräsent.

Dabei sind viele, vor allem junge Tessiner, die sich weit häufiger nach Mailand denn nach Zürich orientieren, von einer unschweizerischen Offenheit, die die Alltagswelt im oberitalienischen Grenzraum so stark prägt. Diesen Geist der Öffnung will das moderne Tessin weiterentwickeln – die Grenze will man nicht mehr als Barriere verstehen, sondern als Brücke, als selbstverständliche Aufforderung zur Öffnung. Das fällt in Chiasso, dem auf den ersten Blick unansehnlichen Südtessiner Grenzstädtchen, vielleicht leichter als anderswo. Es ist vom Bauerndorf zur Grenzstadt geworden, weil es von den Unterschieden diesseits und jenseits der *frontiera* profitiert. Schon eine geringfügige Benzinpreissenkung in Italien – jetzt im Grenzgürtel von den italienischen Behörden dauerhaft verordnet –

*Ein reiches Tummelfeld für Extremsportler*

bringt im Raum Chiasso unzählige Familien, die vom Benzintourismus leben, in Schwierigkeiten. Dieser permanente Zustand der Vorläufigkeit, der anhaltende Balanceakt am Rand des Abgrunds, ist es, der die Stimmung im Grenzraum so anregend macht. Das Glück ist nie von Dauer, die Unsicherheit ständiger Begleiter, die Bereitschaft, Chancen zu packen oder Unbill zu ertragen, ist groß – und das in einer Schweiz, die, so Alberto Nessi, am liebsten ihre Träume versichern würde.

Im oberitalienischen Grenzlebensraum gilt diese Absicherungsmentalität nicht. Die gelassene Lebensfreude, das impulsive Gestikulieren am Marktstand, die unaufdringliche Herzlichkeit, das Fehlen mürrischer Gesichter am Morgen im Zug: Das ist der legendäre offene lombardische Geist, der »zärtliche Wahnsinn«, auf den Sie sich freuen können.

*Ob im Ruderkahn oder auf dem Ausflugsdampfer: Eine Bootsfahrt ist Pflicht*

# Palmen, Gotthard und Padanien

## Notizen zu Flora und Fauna, zu Schmugglern und schwimmenden Kirchen

### Botta, Mario

Der Tessiner Architekt Mario Botta (geb. 1943 in Mendrisio) ist der berühmteste: Seine Werke stehen in Tel Aviv oder San Francisco – und in besonderer Dichte im italienisch-schweizerischen Grenzraum um den Luganer See. Wer im Tessin aus dem Gotthardtunnel schießt, rollt Minuten später am ersten Botta-Bauwerk vorbei – der leuchtend roten Autobahnraststätte in Ambrì. Dass dem Künstler Botta keine Berührungsängste zur Finanzwelt in die Quere kommen, zeigen das imposante, von Spöttern als »Geldfestung« titulierte Gebäude der Banca del Gottardo am Viale Franscini unweit des Zentrums von Lugano und das neue Spielkasino in Campione d'Italia, das nach Bottas Plänen gebaut wird. Seinen jüngsten Coup landete Botta, als er 1999 die Römer Kirche San Carino des Tessiner Barockarchitekten Francesco Borromini in Originalgröße, aber halbiert wie ein Brotlaib, aus Holz nachbauen ließ. Das Œuvre löste im Tessin einen kleinen Kulturkrieg aus und schwimmt derzeit auf einem Floß vor der Luganer Seepromenade.

*Im äußersten Zipfel des Mendrisiotto bei Stabio steht Bottas Casa Rotonda*

### Fauna

Die mediterrane Verheißung der Oberitalienischen Seen züngelt Ihnen überall entgegen: Eidechsen, mitunter in schillernden Smaragdfarben, zischen davon, wohin Sie Ihren Fuß setzen – Hauptsache, die Sonne wärmt den Untergrund, und das tut sie selbst im Januar. Angesichts der ausgedehnten Wälder hat auch das Wild große Bedeutung: Hirsche, Rehe, in höheren Lagen auch Gämsen sichten Wanderer oder Spaziergänger häufig, Wildschweine hinterlassen meist bloß ihre unverwechselbaren Spuren.

Interessant ist der Blick in die Seen: Viele in Restaurants als einheimische Spezialität angepriesene Fische stehen erst seit wenigen Jahrzehnten auf der Speisekarte. Felchen *(coregone)* und Regenbogenforellen *(trota fario)* waren im Comer See und im Lago Maggiore seit jeher heimisch, fehlten aber im Luganer See. Gleiches gilt für den Höckerschwan: Ursprünglich in Asien heimisch, gehört er heute zum Postkartenimage der Oberitalienischen Seen.

Dafür, dass die seit Jahrzehnten ausgestorbenen großen Fleischfresser – Bär, Wolf, Luchs, Geier – in die Region zurückwandern, gibt es

*Von der Azalee bis zur Zypresse: In den Gärten der zahllosen Villen an den Oberitalienischen Seen zeigt sich die Multikultiflora in ihrer ganzen Pracht*

untrügliche Anzeichen. Dieser Umstand wird kontrovers diskutiert. Die vielen Jäger sowie die Schaf- und Ziegenhalter sehen in den Raubtieren eine Konkurrenz, Umweltschützer ein Zeichen für die Wiederherstellung eines natürlichen Gleichgewichts.

### Flora

Die faszinierende Pflanzenwelt im Gebiet zwischen Orta- und Comer See ist der Inbegriff botanischer Multikultur. Zu unterscheiden, ob einheimisch oder nicht, macht keinen Sinn, sind doch ausgerechnet die wichtigsten Symbolpflanzen der Region – die burmesische Palme, die sich vor dem Gebirgspanorama emporreckt, oder die japanische Kamelie, die schon im Januar den Frühling einläutet – exotische Fremdlinge. Experten haben festgestellt, dass im Tessin seit dem 19. Jh. rund 2000 Pflanzenspezies

eingeführt worden sind, sodass sich die Zahl exotischer und einheimischer Arten ungefähr die Waage hält.

Dass so viele tropische und subtropische Pflanzen in den vergangenen 150 Jahren den Weg an die Oberitalienischen Seen gefunden haben, liegt vor allem an den Gärtnern der zahllosen Villen in Seenähe. In den botanischen Anlagen an milden Uferlagen fühlen sich die immergrünen Pflanzen dermaßen wohl, dass sie sich gerne selbstständig machen und in die umliegenden Wiesen und Wälder ausbreiten.

In augenfälligem Gegensatz zu den aufwändig gepflegten Gartenlandschaften um die berühmten Villen steht das zweite prägende Element der Flora: die enormen Waldflächen, welche die Hänge über den Seen bedecken. Es handelt sich um Laubwälder, die Kastanie ist – gemischt mit Eichen, manchmal mit Birken – der charakteristische Baum der Region. Die riesiger Wälder werden heute praktisch nicht mehr gepflegt, sodass ein Teil von ihnen de facto Urwälder sind, denen das natürliche Chaos herumliegenden Fallholzes eine ganz eigene Faszination verleiht.

## Gotthard

Der für den Personenverkehr wichtigste Alpenübergang zwischen Nord- und Südeuropa bindet Lugano, Locarno und Como an den Waren-, Geld- und Ideenaustausch zwischen den Metropolen Rom, Mailand, Zürich, Frankfurt und Amsterdam an – und macht die Feriengebiete an den Seen für die Nordlichter überhaupt erst in vernünftiger Zeit erreichbar. 1882 wurde der Eisenbahntunnel, 1980 die zweispurige Straßenröhre zwischen Göschenen und Airolo eröffnet. Der Güter- und Personenverkehr wächst unaufhaltsam: 2000 fuhren eine knappe Million Lastwagen und mehr als 5,8 Mio. Personenautos durch den Straßentunnel. Kein Wunder, dass die aktuellen Anlagen den modernen Transitvorstellungen nicht mehr standhalten: Die Schweiz lässt derzeit einen 57 km langen Eisenbahntunnel durch das Gotthardmassiv treiben, der 2011 betriebsbereit sein soll. Der Plan, den überlasteten Straßentunnel mit einer zweiten Röhre zu ergänzen, bleibt weiterhin heftig umstritten.

## Insubrien

Einer der Gründe, warum das Gebiet der drei Oberitalienischen Seen etwas Besonderes ist, liegt unter der Erdoberfläche. Unmittelbar nördlich der drei Gewässer durchschneidet ein gewaltiger tektoni-

scher Bruch den Untergrund. Die Geologen nennen ihn insubrische Linie – und diese Linie ist nichts Geringeres als die geologische Südgrenze der Alpen. An dieser Schrammstelle wirkten während der Alpenfaltung vor rund 7 Mio. Jahren unvorstellbare Kräfte: Die Gesteine nördlich dieser Linie wurden aus über 15 km Tiefe an die Oberfläche gehoben. Nördlich dieser Linie ist die Landschaft geprägt von gewaltigen Tälern und schroffen Granit- und Gneiswänden – die schweren Platten finden sich auch auf den traditionellen Steindächern in den südalpinen Tälern. In Insubrien, südlich der Bruchzone im engeren Seengebiet also, wird alles ein bisschen leichter: die Abhänge weniger schroff, die Rücken etwas weniger gebeugt – und die Dächer der traditionellen Häuser sind mit Tonziegeln gedeckt. Die Insubrer waren ein keltischer Volksstamm, der um 500 v. Chr. im Gebiet der Oberitalienischen Seen lebte.

An diese Vorfahren haben sich in den letzten Jahren vorwärts schauende Politiker der Region erinnert: Sie gründeten 1995 die »Regio Insubrica«, eine grenzüberschreitende Vereinigung des Kantons Tessin und der norditalienischen Provinzen Como, Varese und Verbano-Cusio-Ossola. Damit umfasst die »Regio Insubrica« das Territorium dieses Reiseführers – und ist ein Zeichen dafür, dass man erkannt hat, wie wichtig es ist, Probleme wie Abwasserreinigung, Verkehr oder Tourismusförderung über die Grenzen hinweg anzupacken.

## Malpensa

Der neue internationale Flughafen Milano-Malpensa 50 km nordwestlich von Mailand, seit 1998 in Betrieb, will der größte Airport Südeuropas werden. Er befindet sich nur wenige Kilometer von Sesto Calende am Südende des Lago Maggiore. Über 1 Mrd. Euro hat das Bauwerk verschlungen, 33 Mio. Passagiere jährlich sollen nach abgeschlossenem Ausbau 2010 in Malpensa abgefertigt werden. Der gigantische Flugplatz zeigt eindrucksvoll, wie groß die 9-Mio.-Stadt Mailand ihren Radius inzwischen zieht: Die Dreiseenregion gehört zweifellos zum erweiterten Mailänder Hinterland. Das ist Chance und Gefahr zugleich: Selbstverständlich boomt die norditalienische Wirtschaft dank dem Sog der weltläufigen Metropole, aber sie hat auch deren Arroganz auszuhalten. Der Flughafen wurde an den Rand des Naturschutzgebiets am Lauf des Flusses Ticino gebaut – dass der Naturpark im Bereich der An- und Abflug-

schneise liegt und deshalb stark unter Lärm- und Schadstoffemissionen leidet, wurde ohne Federlesen in Kauf genommen. Auch den Anwohnern in den Dörfern um die Ortschaft Gallarate geht es nicht besser: Tief fliegende Jets sorgen schon mal dafür, dass Ziegel von den Dächern fallen.

**Padanien**

»Padania«: Aufkleber mit dieser grünen Aufschrift oder grüne Sprayereien fallen Ihnen unterwegs bestimmt auf. Padanien ist das Traumland von Umberto Bossi, dem Anführer der italienischen Partei Lega Nord, und nichts anderes als eine Chiffre für das Zurückdrehen des Rads der italienischen Geschichte. Abgeleitet von der *pianura padana* (Poebene), bezeichnet Padanien das gesamte norditalienische Gebiet zwischen Turin und Venedig. Bossis Grünhemden möchten – mal mehr,

## Drei Seen, zwei Länder

### Ein Teil der Oberitalienischen Seen liegt auf schweizerischem Gebiet

Eigentlich gehören auch der große Garda- und der kleine Iseosee zu den Oberitalienischen Seen. Dem Ersteren widmet MARCO POLO jedoch einen eigenen Band. Die hier behandelte Dreiseenregion vereint nicht nur eine Vielfalt an Landschaftsformen, sondern auch an institutioneller Zugehörigkeit. Das Territorium teilen sich zwei italienische Regionen sowie ein schweizerischer Kanton: Zum Kanton Tessin gehören die nördlichen Teile von Lago Maggiore und Luganer See. Das Westufer des Lago Maggiore ist ein Teil der italienischen Region Piemont, der Rest des Gebiets gehört zur Region Lombardei. Zwei Flüsse prägen die Region: die Adda aus dem Veltlin (italienisch: Valtellina), die den Comer See speist und ihn im Süden wieder entwässert, und der Ticino, der den Lago Maggiore aus dem Nordtessin speist und ihn bei Sesto Calende wieder verlässt.

mal weniger explizit – Padanien von dem aus Rom dirigierten italienischen Einheitsstaat abtrennen und selbstständig machen, vor allem aus einem Grund: damit der hochproduktive Wirtschaftsraum Norditalien die Hypothek der wirtschaftlich schwächeren südlichen Landesteile los wird. Der Ruf der Lega Nord nach Padanien ist zwar auch ein Protest gegen das zentralistische Rom, vor allem aber ein Ausdruck norditalienischer Arroganz.

## Rustico

Tausend Jahre südalpiner Siedlungsgeschichte stecken in unscheinbaren Gebäuden – Ställe, Schuppen, Hütten, alle aus Stein, alle ohne Glanz: Zu Zehntausenden stehen sie in der Berglandschaft der Südalpen, repräsentieren die Arbeit zäher Bergbauern und sind in ihrer Gesamtheit heute ein wertvolles Monument der Alpenkultur. Gleichzeitig verkörpern sie den Traum vieler Tessiner vom Refugium im Grünen: Kaum eine Tessiner Familie, die nicht irgendwo in den Bergen ein *rustico* in Stand gesetzt hat und nun als Ferienhäuschen benützt.

## Schmuggel

Wie es für eine Grenzregion üblich ist, gehört der Schmuggel auch in der oberitalienischen Seenregion zu den ältesten Gewerben. Der klandestine Transport von Gütern (und Menschen) über die Landesgrenze hat der Region unzählige geheimnisvolle Legenden, wilde Geschichten und tragische Abenteuer beschert. Die *spalloni,* die Lastenträger, die die Ware in harter Tragarbeit auf heimlichen und oft lebensgefährlichen Wegen, über klaffende Geröllhalden und glitschi-

*Wem die sprichwörtliche Villa im Tessin zu teuer ist, der wohnt nicht minder schön im typischen Rustico*

ge Abhänge, über die Grenze schleppen, haben Heldenstatus – sie sorgten beispielsweise dafür, dass während des Zweiten Weltkriegs dringend benötigte Nahrungsmittel aus dem faschistischen Italien ins Tessin geschafft wurden.

Doch die Aura des kleinen, »ehrlichen« *contrabbandiere* ist längst Geschichte: Das Milliardengeschäft des internationalen Zigarettenschmuggels ist unter der Kontrolle der Mafia und verkettet mit viel gravierenderen Delikten wie Waffen-, Drogen- oder Menschenhandel. Die Schweiz und vor allem das Tessin sind in den letzten Jahren unter massivem Druck der EU gekommen, weil sie zu lasch gegen Zigarettenschmuggler vorgehen.

# Fisch und Formaggini, Polenta und Merlot

## Deftige Menüs in den Tälern und lukullische Höhenflüge an den Seen

**D**ie Küche der Dreiseenregion wird natürlich von Fischgerichten dominiert. Doch die rustikale Polenta (Maisgrießbrei) aus den Bergtälern oder die deftigen Fleischgerichte aus der lombardischen Brianza bezeugen, dass das Gebiet durch die Einflüsse der piemontesischen, der lombardischen und der Tessiner Küche gastronomisch äußerst vielfältig ist.

Das war nicht immer so, denn besonders die Täler der Gegend waren von Armut geprägt. Dabei hatte es die Bevölkerung an den Seen noch gut: Der *lago* war während Jahrhunderten ihre wichtigste Ernährungsquelle. Heute ist die berufliche Fischerei fast völlig ausgestorben, weshalb man dem Prädikat »Frisch vom See« zuweilen misstrauen darf. Doch noch immer tummeln sich in den Gewässern zahlreiche Fische.

In den von Armut geprägten kargen Tälern Norditaliens und des Tessins dagegen war das wichtigste

Nahrungsmittel während Jahrhunderten die Kastanie. Die *castagne* wurden in den aufwändig gepflegten Wäldern geerntet, getrocknet, gemahlen und zu Teigwaren, Brot oder Kuchen verarbeitet. Mit dem Wohlstand in der Nachkriegszeit verlor die stachlige Frucht an Bedeutung und wurde gar als das »Brot der Armen« verschmäht. In der Folge verwilderten die Wälder. Erst seit wenigen Jahren werden Kastanienwälder im Tessin wieder gepflegt. Auch die Frucht selber findet in manchen Süßspeisen vor allem der Tessiner Küche heute wieder Verwendung.

Müsste man ein für die gesamte oberitalienische Region typisches Gericht auswählen, wäre dies sicherlich die Polenta. Eine herzhafte Polenta dürfen Sie sich bei Ihrem Besuch auf gar keinen Fall entgehen lassen, denn sie ist weit mehr, als die profane deutsche Bezeichnung Maisbrei vermuten lässt.

Ein unumstrittener Renner sind im Pastaland Italien natürlich die Teigwaren. Heute kann es sich kaum ein Restaurant, das etwas auf sich hält, leisten, auf handgemachte

*Macht auch den hartnäckigsten Morgenmuffel munter: Frühstück auf dem Balkon überm See*

**19**

# Oberitalienische Spezialitäten

**Lassen Sie sich diese Köstlichkeiten gut schmecken!**

**anguilla** – Aal

**bresaola** –
Trockenfleisch aus dem Veltlin,
ähnlich dem Bündner Fleisch

**brutti ma buoni** –
»Hässlich, aber gut«:
Mandelkekse mit Zimt und Vanille

**busecca** – Kuttelsuppe

**carpione, in** –
in Essigmarinade eingelegt, meist
für Seefische als kalte Vorspeise

**cassöla/cazoeula** –
lombardischer Schweinefleisch-
eintopf mit Wirsing

**coregone** – Felchen, ein in den
Seen besonders verbreiteter Fisch

**formaggini** – feine Frischkäslein,
meist aus Kuh- und Ziegenmilch

**gnocchi** – aus Kartoffeln
oder Grieß und Mehl geformte
Klößchen, die zusammen mit
Salbeibutter, Käse- oder
Tomatensauce serviert werden

**miascia** – Variante der *torta di
pane* in der Comer-See-Region
mit Äpfeln, Birnen und Trauben

**missoltini/misultitt** – das
typische Fischgericht des Comer
Sees: *Agoni,* eine Heringsart,
werden an Bindfäden aufgehängt,
getrocknet und danach in einer
Essig-Öl-Mischung mariniert,
bevor sie schließlich gegrillt auf
den Tisch kommen

**ossobuco** –
geschmorte Kalbshaxe

**(pesce) persico** –
Barsch bzw. Egli

**polenta** – Lassen Sie sich von
den regionalen Varianten über-
raschen. Während die Polenta im
Tessin meist *nature* serviert wird,
wird ihr in Oberitalien gerne
kräftiger Käse beigemischt. Sie
heißt dann *polenta cuncia* oder
*polenta taragna* und ist so nahr-
haft, dass sie auch ohne weitere
Zutaten schmeckt

**ratafià** –
der klassische Tessiner Likör aus in
Grappa eingelegten Walnüssen

**torta di pane** – Brotkuchen aus
altem Brot, Milch, Zucker, Eiern,
Rosinen, Grappa und Pinienkernen.
Wie zu Großmutters Zeiten sind
die Rezepte von Tal zu Tal, von Ort
zu Ort verschieden

**tinca** – Schleie, ein Seefisch

**trota** – Forelle

Ravioli, Agnolotti oder Tortellini zu verzichten.

Ebenfalls nicht wegzudenken aus der Küche der Seenregion ist der Risotto. Abgelöscht wird er meistens mit Rotwein und abgeschmeckt mit Safran. Zur Karnevalszeit laden viele Dörfer zur so genannten *risottata*. Auf dem Dorfplatz wird in großen Kesseln auf offener Flamme Risotto geköchelt; dazu werden *luganighe* (Schweinswürste) serviert.

Natürlich wird keine Mahlzeit ohne *caffè* abgeschlossen. Aber halt: Bestellen Sie jetzt ja nicht einen Cappuccino, sondern einen Espresso, der in Italien und im Tessin freilich nicht Espresso heißt sondern schlicht *caffè*. Man trinkt ihn *liscio* (schwarz) oder *macchiato* (mit etwas Milch). Für eine gute Verdauung empfiehlt sich ein *caffè corretto* – mit Grappa. Schnaps wird in dieser Region vor allem von den Tessiner Winzern gebrannt, obwohl Italien das typische Grappaland ist.

Im Seengebiet sticht vor allem ein Wein hervor: der Merlot del Ticino. Auf der italienischen Seite vermochte sich eine eigene Weinkultur zwischen den großen Weinbaugebieten des Piemonts im Westen und der Valtellina im Osten nicht durchzusetzen. Einen guten piemontesischen Tropfen der traditionellen Rebsorten Nebbiolo und Barbera erhalten Sie dennoch praktisch in jedem Restaurant – lassen Sie sich ihn munden, auch wenn er nicht direkt aus Ihrem Reisegebiet stammt. Relativ jung, doch in stetigem Wachstum ist die Produktion von Weißwein und Rosé. Der Nostrano, den Sie vor allem im Grotto gekühlt serviert bekommen, vermittelt vom Geschmack her etwas

*Oberitalienische »Schweinereien«*

von der traditionellen Tessiner Weinkultur.

Das typische Lokal der Gegend ist das Grotto (in Italien auch *crotto* oder *crött* geschrieben). Ursprünglich waren die Grotti – wie es der Name sagt – Grotten, in Felsen gehauene Keller, die der Lagerung von Nahrungsmitteln dienten. Später fügte man Vorplätze mit Steintischen an und genoss an Sommerabenden die Kühle und die hausgemachten Speisen. Auch heute ist der Grotto mehr als eine Verpflegungsstätte: Es ist ein sozialer Treffpunkt, ein Ruhepol in der alltäglichen Hektik. In einem wirklichen Grotto werden auch weder Spaghetti noch Bratwürste, sondern vor allem kleine Zwischenmahlzeiten serviert, zum Beispiel ausgezeichnete Wurstwaren und kleine Frischkäslein. Dazu trinkt man einen Schluck Rotwein.

# Edle Seide, Mode und Amaretti

## Die Einkaufswelt der Oberitalienischen Seen bietet schicke Designerläden, Outletshops und bodenständige Märkte

Wer gezielt auf Einkaufstour gehen will, findet in den zahlreichen Fabrikläden in Norditalien ein erstklassiges Revier. Bestes Beispiel ist das Fabrikgeschäft des Küchendesigners *Alessi* in *Crusinallo* bei Omegna wenige Kilometer vom Ortasee *(Via Privata Alessi 6, Mo 14–18, Di–Sa 9.30–18 Uhr)*. Nur wenige Kilometer südlich desselben Sees, in *Caltignaga* kurz vor Novara, können Sie im Sortiment der Sportbekleidungsikone *Sergio Tacchini* wühlen *(Mo 15–19, Di–Fr 10–12 und 15–19, Sa 10–19 Uhr)*. Und im Tessin stellt *Van Laak* zehn Autominuten von *Mendrisio* im Dorf *Arzo* klassisch-elegante Herren- und Damenbekleidung her *(Via Meride, Mo–Fr 10–12 und 14–17, Sa 9.30–12 Uhr)*. Wer über den nötigen Stauraum im Auto verfügt, kann sich südlich des Comer Sees in der entfesselten Produktions- und Konsumwelt der Brianza verlustieren. Das Städtchen *Cantù* etwa ist so etwas wie das Mekka der Möbelhersteller – und das Konsortium der lokalen Möbeldesigner, *La*

*In Delikatessenläden finden Sie tolle Mitbringsel, von eingelegten Pilzen bis zum rebsortenreinen Grappa*

Permanente Mobili Cantù *(Piazza Garibaldi 9, Mo–Sa 9–12.30 und 14.30–19, So 10–18 Uhr),* das Mekka der Möbelkunden.

Die Region um den Comer See hat sich seit dem Mittelalter als wichtigstes europäisches Zentrum für die Seidenproduktion etabliert. Das Verkehrsbüro in Como hält unter dem Titel »Gli spacci tessili« eine Broschüre bereit, die Sie zu den wichtigsten Stoffläden der Gegend führt.

Gehen Sie aber auch in einen der Delikatessenläden, lassen Sie sich entführen in die Welt der eingelegten Pilze, der hausgemachten Pastasaucen, der kaltgepressten Olivenöle. Spezielle Beachtung verdienen die Süßigkeiten. Hervorzuheben sind die Amaretti, kleine, süße Mandelkekse, und die hausgemachten Hefekuchen, die Panettoni.

Beim Kunsthandwerk ist es oft nicht einfach, den Unterschied zwischen billigen Serienprodukten und hochwertigen Erzeugnissen zu erkennen. Vorsicht ist geboten bei den so genannten typischen Souvenirs, den *boccalini* (Weinkrüglein) oder den *zoccoli* (Holzschuhe), die auf die bäuerliche Vergangenheit verweisen.

# Feste, Events und mehr

### Jazzfestivals, Karneval und Freiluftkino: das vielseitige Programm der Seenregion

## Offizielle Feiertage

**1. Januar** *Capodanno;* **6. Januar** *Epifania;* **19. März** *San Giuseppe* (nur Tessin); **Lunedì di Pasqua**

*Osterprozession in Mendrisio*

(Ostermontag); **25. April** *Liberazione* (Tag der Befreiung, nur Italien); **1. Mai** *Festa del Lavoro;* **Ascensione** (Christi Himmelfahrt, nur Tessin); **Lunedì di Pentecoste** (Pfingstmontag, nur Tessin); **Corpus Domini** (Fronleichnam, nur Tessin); **29. Juni** *Santi Pietro e Paolo* (nur Tessin); **1. August** *Festa Nazionale* (nur Tessin); **15. August** *Ferragosto*

(Mariä Himmelfahrt); **1. November** *Ognissanti;* **8. Dezember** *Immacolata Concezione;* **25. Dezember** *Natale;* **26. Dezember** *Santo Stefano*

## Feste und Veranstaltungen

### Januar

Fest der *Pesa Vegia* am 5. Januar in Bellano mit farbigem Umzug und einer lebenden Krippe. Es werden *busecca* (Kuttelsuppe) und Glühwein serviert.

### Februar

*Carnevale* wird im Tessin in vielen Orten mit öffentlichen Risotto- oder Polentaessen begangen. Beliebt sind die *risottate* in Ascona, Brissago, Lugano und Locarno. Doch wer wirklich *carnevale* feiern will, muss sich nach Tesserete oder Chiasso begeben, wo traditionelle Umzüge und ausgelassene Feste stattfinden. In Lecco ist der *Carnevalone* mit Umzug und Wagenprämierung sowie Maskenball ein spektakuläres Ereignis.

### März

19. März *(San Giuseppe):*
In zahlreichen Orten des Tessins wird auf Dorfplätzen zum Tanz aufgespielt. Dazu werden *tortelli* (frittierte Mehlklöße) verkauft.

### März/April

Die ⭐ *Osterprozessionen* von Mendrisio am Gründonnerstag und Karfreitag sind ein weltweit bekanntes Spektakel vor der bezaubernden Kulisse der Altstadt.

### Mai/Juni

*Palio di Mendrisio:* Das Eselrennen ist eine Kleinversion des berühmten Pferderennens von Siena. Jockeys in mittelalterlichen Kostümen versuchen ihre störrischen Esel vorwärts zu bewegen.

### Juni/Juli

*New-Orleans-Festival* in Ascona. Direkt am See findet alljährlich ein Jazzfestival statt.

### Juli

Luganos *Estival Jazz* bietet erstklassigen Sound aller Stilrichtungen unter Sternenhimmel zum Nulltarif, nicht nur auf Luganos Piazza Riforma, sondern auch in Mendrisio, Tesserete, Montagnola und Agno.

### Juli–September

*Settimana Musicali di Stresa:* Die klassischen Musikwochen finden auch auf den Borromäischen Inseln, in Verbania und Arora statt.

### August

Am 1. August *(schweizerischer Nationalfeiertag)* gibt es in Locarno und Ascona über dem See eindrucksvolle Feuerwerkspektakel. *Festival Internationale del Film* in Locarno, das viertgrößte Filmfestival Europas mit der größten Leinwand:

Lassen Sie sich das einmalige Ambiente im ⭐ Freiluftkino auf der pittoresken Piazza Grande nicht entgehen!

### September/Oktober

*Winzerfeste* in Mendrisio, Bellinzona und Lugano

### Oktober

*Castagnata:* Auf zahlreichen Dorfplätzen im Gebiet der Seen werden Kastanien geröstet und verkauft.

### Dezember

Zur Weihnachtszeit werden in vielen Dörfern rund um den Lago Maggiore auf Plätzen und in Fußgängerzonen liebevoll gestaltete *Krippen* aufgestellt. Besonders **Insider Tipp** lohnend ist ein Besuch in der Gemeinde Vira im Gambarogno.

*Zu Karneval: risottata im Tessin*

# Die glitzernde Verheißung des Südens

## Milde Buchten, mediterranes Ambiente – und zwischendurch ein Blick in die Schneeberge

*Selbst kleine Balkons prunken mit üppiger Blumenpracht*

**W**er den Lago Maggiore, im Zug oder im Auto über die Alpen kommend, erstmals zu Gesicht bekommt, merkt sofort: Hier beginnt der Süden, das Mittelmeer kann, obschon die Berge mit dem ewigen Schnee noch im Blinkwinkel sind, nicht mehr weit sein.

Der 66 km lange See wirkt deshalb so anziehend, weil er Gegensätze vereinigt und sie gleichzeitig auf ein erträgliches Maß abschwächt. Im Winter, wenn in den umliegenden Bergen eisige Kälte liegt, hält der See ein paar geschützte Winkel bereit, die einen selbst im tiefsten Januar am Frühling schnuppern lassen. Und schmort die norditalienische Poebene unter der sommerlichen Hitzeglocke, weht am Ufer des Lago Maggiore ein kühlendes Lüftchen. Die bewaldeten Bergflanken vor allem auf der westlichen Uferseite mit den bekannten Ferienorten Ascona, Brissago, Cannobio, Pallanza, Stresa und Arona sind streckenweise entstellt durch mitunter burgähnlich eingefriedete Luxusvillen. Doch die Dorfkerne am Wasser – mit den farbigen Häusern, die sich im See spiegeln, den schmalen Gässchen, den Spezialitätenläden mit den barocken Auslagen – haben fast alle ihr bescheidenes, mediterranes, sanftes Antlitz bewahrt. Bei einem italienischen Cappuccino oder einem erfrischenden *gelato* fühlt man sich da in den Ferien, selbst wenn es sich nur um einen Kurzurlaub handelt.

Bereits im Mittelalter ein beliebtes Reiseziel, wurde der See Anfang des 19. Jhs. definitiv zur bevorzugten Destination für adelige und bürgerliche Familien, aber auch für

*Palmenpracht: An Asconas Uferpromenade glaubt man sich eher am Mittelmeer als am Alpenrand*

*In Ascona finden Sie die schönste Uferpromenade am Lago Maggiore*

Künstler. Vor allem wohlhabende Mailänder bauten sich in diesem »Garten Europas« mit seinem subtropischen Klima prunkvolle Villen mit botanischen Anlagen, in denen sie im Stil der Belle Époque Natur und Kunst vereinten. Aus jener Zeit stammt auch der am Lago Maggiore auffallend präsente Jugendstil (italienisch: *stile liberty*), etwa an den Schiffsanlagestellen von Stresa oder Baveno.

Der Langensee, so der kaum noch gebräuchliche deutsche Name, mit einer Fläche von 212 km$^2$ hinter dem Gardasee der zweitgrößte italienische See, gehört nicht ganz zu Italien. Ein kleiner, aber mit den Brissagoinseln, Ascona und Locarno sowie dem mächtigen Zufluss Ticino wichtiger Teil fiel im 16. Jh. an die Schweiz. Am Verbano, wie der Lago Maggiore in Italien genannt wird, treffen sich nicht nur die Schweiz und Italien, sondern auch die italienischen Regionen Piemont (das Westufer) und Lombardei (das Ostufer).

## ASCONA

**[114 B4]** Als das »seltsamste Dorf der Welt« wurde Ascona (205 m, 5000 Ew.) auch schon bezeichnet. Ganz abwegig ist das nicht: Die zahlreichen Galerien im properen, autofreien und besuchenswerten Siedlungskern verdeutlichen, dass sich das einstige Künstlerdorf redlich um sein »anderes« Image bemüht und nicht in einen Allerweltstourismus verfallen will.

Wunderschön gelegen ist der Ort so oder so, und der Blick von der ★ Uferpromenade, dem *Lungolago Piazza Motta* mit seinen hellblauen, gelben und rosaroten Häusern, auf den glitzernden Lago Maggiore, die Palmen und die noch schneebedeckte Bergkulisse ist und bleibt atemberaubend.

## SEHENSWERTES

### Monte Verità

❂ Wer sich in das Ascona Anfang des 20. Jhs. begeben will, als Künstler, Exzentriker und Utopisten auf dem »Berg der Wahrheit« sich selbst und eine bessere Welt zu finden hofften, besucht am besten die Museen *Casa Anatta* und *Casa Selma (April bis Juni und Sept./Okt. Di–So 14.30 bis 18, Juli/Aug. 15–19 Uhr; Busverbindung ab Ascona)* auf dem Monte Verità. Hier hat der Ausstellungsmacher Harald Szeemann die spannende Geschichte der Bewegung dokumentiert. Heute jedoch hat es auf dem Monte Verità keinen Platz mehr für Spinner und für Künstler: Die Eidgenössische Technische Hochschule betreibt auf dem Hügel mit der prächtigen Aussicht ein Seminarzentrum.

## MUSEEN

### Museo Comunale d'Arte Moderna

Das Museum für moderne Kunst besitzt eine umfassende Sammlung der großen russischen Künstlerin Marianne von Werefkin sowie Gemälde von Alexej von Jawlensky, Paul Klee und Hermann Hesse. *März–Dez. Di–Sa 10–12 und 15 bis 18, So 16–18 Uhr; Via Borgo 34*

### Museo Epper

Es werden vor allem Werke des Expressionisten Ignaz Epper und seiner Frau Mischa gezeigt; außerdem finden Wechselausstellungen statt. *März–Juni und Sept./Okt. Di–Fr 10 bis 12 und 15–18, Sa/So 15–18 Uhr; Juli/Aug. Di–Fr 10–12 und 20–22, Sa/So 15–18 und 20–22 Uhr; 2003 geschl. (Umbau), Via Albarelle 14*

---

## MARCO POLO Highlights »Lago Maggiore«

★ **Promenade in Ascona**
Sehen, gesehen werden und genießen an der Uferzeile des Weltdorfs Ascona (Seite 32)

★ **Borromäische Inseln**
Isola Bella, Isola Madre, Isola Pescatori – Perlen der Anmut im See vor Stresa (Seite 43)

★ **Flussbaden in den Tälern Locarnos**
Bizarr geschliffene Felsen, klares Wasser, glühende Sonne im Maggia- und Verzascatal (Seite 40)

★ **Rocca di Angera**
Sagenhafter Blick von der wuchtigen Burg über dem Städtchen Angera (Seite 33)

★ **Aussichtsberg Mottarone**
Großartiger Blick auf die Seen bis in die Poebene und ein Alpengarten mit fernöstlichen Pflanzen (Seite 44)

★ **Madonna del Sasso**
Mächtige Wallfahrtskirche in beneidenswerter Aussichtslage über Locarno (Seite 38)

## ESSEN & TRINKEN

### Grotto Baldoria
Baldoria heißt auf Deutsch »Rummel«, und das ist Programm: Die Stimmung ist hier das Wichtigste, obwohl auch das Menü vorzüglich ist. *Ostern–Sept. tgl., Via Sant'Omobono 9, Tel. 09 17 91 32 98, €*

### Grotto Lauro
**Insider Tipp**

Rustikale Atmosphäre, Holzbänke und -tische und formidable Tessiner Kost. Mündlich vorgetragene Speisekarte, auch auf Deutsch. Kaninchen mit Polenta – ein Gedicht. Oberhalb von Locarno im romantischen Dorf Arcegno. *Mo geschl., Via Ceu, Tel. 09 17 91 42 96, €€*

### Osteria Nostrana
Manchmal muss es zum Abendessen einfach eine knusprige Pizza aus dem Holzofen sein. Obschon das Lokal an Asconas touristischer Flaniermeile liegt und stets gut besucht ist, genehmigen sich hier auch Tessiner ihre Pizza – weils ein sicherer (und nicht zu teurer) Tipp ist. Zu einer visuellen Entdeckungsreise lädt die Bilderflut an der Wand ein – und zum kulinarischen Abheben Großmutters Nusstorte als Dessert. *Tgl., Lungolago Motta, Tel. 09 17 91 51 58, keine Reservierungen, €*

## EINKAUFEN

Wer ein paar Schritte in Asconas *borgo*, den alten Dorfkern, setzt, dem wird sofort klar: In diesem Boutiquenparadies wird nur glücklich, wer ein großes Budget hat. Aber auch in Ascona gibt es originelle, kleine Läden, die ihre Nische gefunden haben.

### Delea
**Insider Tipp**

Der Önologe Angelo Delea bewahrt und erneuert mit Detailliebe und modernen Produktionsanlagen die Tessiner Weintradition – und hält in seiner Önothek im Ortsteil Losone unter anderem exquisiten Grappa und einen weißen Merlot bereit. *Via Zandone 11, www.delea.ch*

### Alla Fattoria
Seit wenigen Jahren bauen innovative Landwirte auf dem großen Landgut Terreni alla Maggia Tessiner Reis an. Wer sich zu Hause seinen Risotto mit echtem Tessiner Reis köcheln will, muss in diesem Geschäft vorbeigehen. *Via Ferrera 87*

**Insider Tipp**

## ÜBERNACHTEN

### Antica Posta
Trendig gestylte Zimmer mit allem Komfort und ein verträumter Innenhof nur ein paar Schritte von

---

## Die MARCO POLO Bitte

**WWF**

Marco Polo war der erste Weltreisende. Er reiste in friedlicher Absicht, verband Ost und West. Er wollte die Welt entdecken, fremde Kulturen kennen lernen, nicht zerstören. Könnte er heute für uns Reisende nicht Vorbild sein? Aufgeschlossen und friedlich sollte unsere Haltung auf Reisen sein. Dazu gehören auch Respekt vor Mensch und Tier und die Bewahrung der Umwelt.

der berühmten Uferpromenade entfernt. Romantische Atmosphäre, kleines Gourmetrestaurant. *10 Zi., Via Borgo, Tel. 09 17 91 04 26, Fax 09 17 92 25 22, €€ – €€€*

## Eden Roc

Das Hotel mit dem schönsten Privatstrand des ganzen Lago Maggiore. Das Eden Roc ist mit dem Nachbarhotel zu einem einzigen Komplex mit exklusivem Terrassenrestaurant verbunden worden. Die pompöse Einfahrt vermittelt die unzweideutige Botschaft: Hier ist nur das Beste gut genug. *93 Zi., Via Albarelle 16, Tel. 09 17 85 71 71, Fax 09 17 85 71 43, info@edenroc.ch, €€€*

## Albergo Losone

Wer mal da war, kommt immer zurück – vorausgesetzt, er oder sie hat das nötige Kleingeld vorrätig. Das Albergo Losone nennt sich auch »Freie Republik« – ein Versprechen der Besitzerfamilie Glaus, dass Sie hier nicht durch die üblichen Hotel-»Stundenpläne« eingeschränkt werden. Es gibt Frühstücksbuffet bis zum Mittag, exzellente Küche, ein Schwimmbad und gute Kinderbetreuung. *83 Zi., Via dei Pioppi 14, Losone, Tel. 09 17 85 70 00, Fax 09 17 85 70 07, www.albergolosone. ch, €€€*

## SPORT & FREIZEIT

### Bagno Pubblico

In diesem wunderschön gelegenen öffentlichen Strandbad treffen sich im Sommer Asconas Familien, um im See zu baden. Der Sandstrand ist für Kinder ideal, das Restaurant bei schönem Wetter auch abends geöffnet. *Eintritt frei, Via Fenaro*

## Wassersport

Marco Meier von der *Scuola Vela* vermietet Segel- und Motorboote; bei ihm können Sie auch Wasserski fahren. *Hotelrestaurant Ascolago, Via Albarelle, Tel. 09 17 91 51 85*

## AM ABEND

### Mad Wallstreet

🏃 Die vergnügliche Version der Börsenmanie: Die Getränkepreise steigen mit der Nachfrage – gut beraten ist, wer mit der Bestellung bis zum Crash wartet. Jugendliches, fröhliches, lautes Ambiente. *Nov. bis März geschl., Contrada Fontanelle 3*

## AUSKUNFT

*Casa Serodine, 6612 Ascona, Tel. 09 17 91 00 91, Fax 09 17 85 19 41, www.maggiore.ch*

## ZIELE IN DER UMGEBUNG

### Brissago [114 A–B5]

Das Grenzdorf Brissago (215 m, 1900 Ew.), zehn Autominuten südlich von Ascona, kennt man vor allem wegen des unübersehbaren gelben Gebäudes unten am Ufer: der *Fabbrica Tabacchi Brissago*. Die dünnen Virginia-Zigarren sind als »Brissago« weltberühmt. Die Fabrik, ehedem Brissagos Goldgrube, beschäftigt heute noch rund 80 Personen, fast ausschließlich italienische Grenzgängerinnen. Für Besichtigungen wendet man sich an das *Verkehrsbüro (Via Leoncavallo 25, Tel. 09 17 91 00 91)*. Die Fabrik ist aber auch ein bezauberndes Beispiel der Industriearchitektur mit großen Fensterflächen und unvergleichlichem Blick auf den See. Ein Bootshafen, ein Garten mit subtropischen Pflanzen und ein Grotto tragen zum angenehmen Ambiente bei. Nun ist hier auch ein Kongress- und Kulturzentrum mit modernen Einrichtungen entstanden. In der Casa Baccalà, einem außergewöhnlich schönen Bürgerhaus, ist ein kleines Museum zur Erinnerung an den Opernkomponisten Ruggero Leoncavallo eingerichtet worden *(Museo Leoncavallo, Mi bis Sa 10–12 und 16–18 Uhr)*. Für einen aromatischen Risotto empfiehlt es sich, hochzufahren in die 🏃 *Osteria Grotto Borei (Do geschl., Via Ghiridone, Tel. 09 17 93 01 95, € – €€)*.

## Brissago-Inseln
## (Isole di Brissago)                    [114 B4]

Sie werden die grünen Perlen des Lago Maggiore genannt, gelten als Wahrzeichen des Schweizer Seebeckens und sind wahrhaftig eine Pracht: die zwei kleinen Eilande Isola di San Pancrazio und Isola di Sant'Apollinare vor Brissago. Für die Öffentlichkeit zugänglich ist nur die größere der beiden Inseln, Pankratius, die offiziell der *botanische Garten (Mitte März–Mitte Okt. tgl. 9–17 Uhr, geführte Besichtigungen Tel. 09 17 91 43 61, www.isolebrissago.ch)* des Tessins ist. Rund 1500 verschiedene Pflanzenarten gedeihen hier, seltene Sumpfzypressen, über 25 Arten von Rhododendren und Azaleen. Angelegt wurde der Park 1885 von der exzentrischen Baronin Antonietta Saint-Léger, die ein ausschweifendes Leben führte und leichtfertig mit ihrem Vermögen umging. Ihr Leben endete tragisch als einsame Frau im Pflegeheim, nachdem sie sich 1927 gezwungen sah, ihr Inselreich zu veräußern. Käufer war der reiche deutsche Kaufmann Max Emden, der eine Villa bauen ließ. Nach seinem Tod übernahmen

der Kanton sowie die umliegenden Gemeinden die Inseln. Die Isole di Brissago werden von Ende März bis Ende Oktober von den Kursschiffen der Navigazione Lago Maggiore ab Locarno, Ascona, Brissago und Porto Ronco angesteuert *(Auskunft: Tel. 09 17 51 61 40);* im Winter sind die Inseln nicht erreichbar.

## Cannobio/                              [113 E–F 5–6,
## Cannobinatal                           114 A5–6]

*Insider Tipp*

In Cannobio (214 m, 5100 Ew.), der nördlichsten italienischen Ortschaft am Westufer des Lago Maggiore, schnuppert man, von Norden kommend, zum ersten Mal richtige *italianità:* cremiger *caffè* auf der historischen Piazza an der Seepromenade, farbige Häuser an der Uferzeile, buntes Leben in den Gassen und am Abend in der *Bar Pironi* im gleichnamigen *Hotel (12 Zi., Tel. 032 37 06 24, Fax 032 37 21 84, €€ – €€€)* sowie Sonntagvormittag vergnügtes Markttreiben. Dank Letzterem ist Cannobio weit herum bekannt geworden. Für Liebhaber pittoresker Landschaften drängt sich ein Ausflug in die *Valle Cannobina* auf. Trainierte können das wildromantische Tal, in dem die Dörfer wie Vogelnester an den felsigen Flanken kleben, per Rad erkunden. Die Rundfahrt Ascona–Cannobio–Cannobinatal–Centovalli–Ascona misst rund 70 km. Restaurant (Voranmeldung erwünscht): *Mulini del Mater, Mo geschl., 4,5 km an der Straße in die Valle Cannobina, Tel. 032 37 72 90, €€)*. Auskunft: *Viale Vittorio Veneto 4, 28822 Cannobio, Tel./Fax 032 37 12 12*

## Ronco                                   [114 B4]

🔆 Ein Halt in Ronco sopra Ascona (350 m, 750 Ew.) lohnt sich vor al-

*Wer von Ronco 800 Stufen hinabsteigt, erreicht das Ufer bei Porto Ronco*

lem wegen des wunderbaren Blicks von der Piazza bei der Kirche über den Lago Maggiore. Lassen Sie sich ein wenig Zeit: Fahren Sie auf den Monte Verità oberhalb von Ascona, und scheuen Sie den knapp einstündigen Spaziergang auf dem Höhenweg hinüber nach Ronco nicht. Die Aussicht ist einmalig.

Laveno, Ispra und Angera sind zwar klein und auf den ersten Blick ohne große Attraktivität. Aber die gemütlichen, typischen Uferpromenaden sind Entspannungsförderer par excellence. Und wer auf ein Bad im See aus ist, muss angesichts der vielen Strände am lombardischen Ufer nicht lange suchen.

## COSTA FIORITA

Luino (202 m, 16 000 Ew.), bekannt für seinen farbigen Wochenmarkt, ist zweifellos das Aushängeschild der Costa Fiorita. Der 50 km lange Küstenabschnitt zwischen der schweizerisch-italienischen Grenze und der geschäftigen Kleinstadt Sesto Calende am Seeende gibt sich zwar bescheidener als das piemontesische Westufer und lässt jegliche Allüren beiseite. Doch genau das macht den Charme der Region aus: Die Dörfer

### SEHENSWERTES

**Rocca di Angera**   **[119 E5]**

★ Den schönsten Blick auf die borromäische Burg, die auf einer Anhöhe in Angera seit dem 12. Jh. den Angriffen und dem Wetter trotzt, hat man sicherlich vom gegenüberliegenden Ufer, vom nur 2 km entfernten Arona her. Die mittelalterliche Festung, die noch heute im Besitz der Familie Borromeo ist, beherbergt ein *Museum für Puppen, Spielzeug und Kinderkleider* sowie seit kurzem eine *Sammlung von Spielautomaten*

*Mittelalterliche Fresken und ein Puppenmuseum: Rocca di Angera*

*(beide April–Okt. tgl. 9.30–12.30 und 13–18, Okt. bis 17 Uhr).*

## Santa Caterina del Sasso [119 E3]

Direkt am Felsen klebt die Einsiedelei in Leggiuno und bietet, nur wenige Autominuten südlich von Laveno, einen atemberaubenden Blick über den See. Die Legende erzählt, dass im 12. Jh. ein reicher Seefahrer in einem heftigen Sturm auf dem See beinahe umgekommen war und zum Dank sein Leben fortan als Einsiedler fristete. Während der Pest ließ er eine Kapelle bauen, in der er bestattet und die zum Ziel für Pilger wurde. Später errichteten die Dominikaner ein Kloster. *April–Okt. tgl. 8.30–12 und 14–17, Nov.–März Sa/So 9.30–12 und 14–17 Uhr*

## Sasso del Ferro [119 F2]

Die Fahrt mit der Seilbahn *(funivia, tgl. 10–17, im Sommer bis 19 Uhr, Via Tinelli 15, Laveno, www.funiviedellagomaggiore.it)* von Laveno auf den Panoramaberg Sasso del Ferro (1062 m) ist ein Erlebnis, ebenso der wunderbare Ausblick auf den Lago Maggiore und an klaren Tagen auf das Monte-Rosa-Gebirge im Westen.

## MUSEEN

## Museo della Ceramica [119 E3]

In Laveno hat die Töpferei Tradition. Das Keramikmuseum etwas außerhalb in Cerro zeigt schöne Stücke. *Di–So 14.30–17.30 (Juli/Aug. 15.30 bis 18.30), Fr–So auch 10–12 Uhr, Lungolago Perabò*

## Museo Civico [119 E5]

Bewohnt war die Halbinsel von Angera bereits 8000 v. Chr., wie Funde in der Höhle Antro di Mitra beweisen. Ausgestellt sind die Gegenstände im ersten Stock des Museo Civico in *Angera. Mo, Do und Sa 17 bis 19.30 Uhr, Via Greppi*

## ESSEN & TRINKEN

### Le Ortensie [119 F3]

Der Name des Restaurants mit dem kleinen Familienhotel in *Gemonio* verspricht nicht zu viel: 300 Hortensiensträucher blühen im Garten der Villa. Serviert wird ausgezeichnete toskanische Küche, zum Beispiel hausgemachte Teigwaren mit Trüffelfüllung. Gemonio liegt an der Straße zwischen Laveno und Varese. *Mo geschl., Via Pasubio 24, Tel. 03 32 60 12 34, €€*

### Il Porticciolo [119 E2]

»Fisch je nach Laune des Sees«, heißt es in diesem eleganten Restaurant in *Laveno*, das eine unvergleichliche Terrasse mit Seeblick besitzt. *Mi-Mittag und Di geschl., Via Fortino, Tel. 03 32 56 72 57, €€€*

### Osteria Locanda Sole [113 E–F6]

Wenn Sie in *Sesto Calende* vom Kai am Flussufer in den kleinen Innenhof treten, glauben Sie sich nicht unbedingt in einem Restaurant – und schon gar nicht in einem, in dem man so aufmerksam bedient wird und so rustikal isst. Kein geschniegeltes Feinschmeckerlokal, sondern viel italienische Atmosphäre. *Mo geschl., Ruga del Porto Vecchio 1, Tel. 03 31 91 42 73, €*

## EINKAUFEN

### Markt in Luino [120 B1]

Kaum jemand, der ihn nicht kennt: den legendären Wochenmarkt von Luino. Jeden *Mittwoch* verwandelt sich das Kleinstädtchen mit seiner von imposanten Platanen gesäumten Uferpromenade in ein Meer von Ständen, Zeltdächern und Sonnenschirmen. Lederwaren, Haushaltsartikel, Nahrungsmittel und allerlei Krimskrams werden feilgeboten. Der *mercato* existiert seit 500 Jahren und hat sich mittlerweile zu einer ziemlich überlaufenen Touristenattraktion entwickelt. Wer sich in den Trubel stürzen will, dem sei die Anreise per Schiff oder Zug empfohlen – einen Parkplatz zu finden ist mittwochs fast unmöglich.

## ÜBERNACHTEN

### Camping Città di Angera [119 E5]

Am unteren Seeufer zwischen Germignaga und Sesto Calende gibt es mehrere große Campingplätze. Empfehlenswert ist dieser auf der Halbinsel von Angera direkt am See gelegene Zeltplatz. *Via Bruschera al Lago, Tel. 03 31 93 07 36, Fax 03 31 96 03 67*

### Pavone [119 E5]

Ein kleines Familienhotel in *Angera*, zentral gelegen, in dessen Restaurant *Vecchia Angera* außerdem feine regionale Küche serviert wird. *16 Zi., Via Borromeo 10, Tel. 03 31 93 02 24, Fax 03 31 96 00 80, www.hotelpavone.it, €€*

### Sasso Moro [119 E3]

Relativ günstig und doch in Toplage direkt am See können Sie in diesem Hotel in *Leggiuno-Arolo* übernachten. *14 Zi., Via al Moro 10, Tel./Fax 03 32 64 72 30, €€*

### Tre Re [119 E–F6]

Das Hotel liegt in *Sesto Calende* direkt am Ufer des Ticino und ist ein idealer Ausgangspunkt für Ausflüge in den Parco Ticino. *35 Zi., Piazza Garibaldi 25, Tel. 03 31 92 42 29, Fax 03 31 91 30 23, €€€*

An der Costa Fiorita hat praktisch jeder Ort sein eigenes Touristenbüro, eine Auswahl: *Piazza Garibaldi 19, 21021 Angera, Tel. 03 31 93 01 68; Piazza Italia 2, 21014 Laveno-Mombello, Tel. 03 32 66 66 66; Via P. Chiara 1, 21016 Luino, Tel./Fax 03 32 53 00 19; Viale Italia 3, 21018 Sesto Calende, Tel. 03 31 92 33 29*

## ZIEL IN DER UMGEBUNG

**Insider Tipp** **Parco del Ticino** **[119 F6]**

Er ist die grüne Lunge der lombardischen Metropole Mailand: Der Parco Regionale della Valle del Ticino, das Naturschutzgebiet der Flusslandschaft des Ticino, reicht vom Seeende in Sesto Calende über 50 km in den Süden, bis der Ticino bei Pavia in den Po mündet. Es ist ein Erlebnis, an den ehemaligen Schifffahrtskanälen entlangzustreifen, zu sehen, wie sich der mächtige Fluss in unzählige Äste verzweigt, sich seinen eigenen Weg sucht und eine Oase der Ruhe und der Langsamkeit geschaffen hat. Man kann den Park mit dem Auto ansteuern – eindrucksvoller und erholsamer ist es aber, ab Sesto Calende auf dem Ufersträßchen mit dem Fahrrad auf Entdeckungsreise zu gehen. Fahrräder können Sie in *Golasecca* mieten *(Camping Il Gabbiano, Via Europa 81, Tel. 02 33 10 30 41)*. Auskunft: *Tourismusbüro in Sesto, Viale Italia 3, Tel. 03 31 92 33 29, www.parcodelticino.pmn.it*

*Am Uferstreifen des Gambarogno finden Sie mehrere schöne Strände*

Schweizer Beckens des Lago Maggiore, omnipräsent – im Sommer jedenfalls. An den schmalen Deltas der Bergflüsse reihen sich an der Straße Richtung Luino die Dörfer Magadino, Vira, San Nazzaro, Gerra und Caviano aneinander – und einige der schönsten Strände am Lago Maggiore.

## GAMBAROGNO

**[114 B–C 4–5]** Die Sonne ist im Gambarogno, dem rund 15 km langen Streifen auf der Südseite des

## SEHENSWERTES

**Bolle di Magadino**

Eine Seltenheit in Europa: ein noch weitgehend natürliches Flussdelta. Mit Bolle di Magadino wird die Sumpflandschaft auf den Schwemmebenen der Flüsse Verzasca und Ticino bezeichnet. Das rund 2 km$^2$ große Terrain ist ein Naturschutzgebiet, in dem rund 300 Vogelarten nisten. Im Sommer organisiert das lokale Verkehrsbüro Führungen. Auskunft: *Verkehrsverein Gambarogno, Vira, Tel. 09 17 95 12 14*

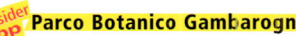

## Parco Botanico Gambarogno

Der Baum- und Blumenzüchter Otto Eisenhut hat zwischen Piazzogna und San Nazzaro auf einer Fläche von 17 000 m$^2$ einen prachtvollen Garten mit über 900 Arten Kamelien, Azaleen, Pfingstrosen usw. geschaffen. *Tgl. 9–19 Uhr, Cheggio/Vairano*

### ESSEN & TRINKEN

#### La Fosanella

Im Weiler *Fosano* auf einer Terrasse hoch über Vira – schon die Aussicht ist ein Genuss. Das Erlebnis wird komplettiert mit natürlich-kreativer Küche. *Do-Mittag und Mi geschl., Tel. 09 17 95 16 16, €€*

#### Rodolfo

Das kulinarische Highlight im Gambarogno. Vor allem, wer Lust auf Fisch hat, sollte hier nicht vorbeifahren. Reservierung empfohlen! *Mo-Mittag und So geschl., Vira-Gambarogno, Tel. 09 17 95 15 82, €€€*

### ÜBERNACHTEN

#### Cedullo

Ein Seehotel im wörtlichen Sinn – das familiär geführte Haus verfügt über einen eigenen Strand. Weil auf dem Weg zum See die Uferstraße nicht überquert werden muss, ist das Hotel besonders für Familien mit Kindern gut geeignet *14 Zi., Via Cantonale, San Nazzaro, Tel. 09 17 94 24 44, Fax 09 17 94 28 48, www.cedullo.ch, €€*

### AUSKUNFT

*6574 Vira, Tel. 09 17 95 12 14, Fax 09 17 95 33 40, gambarogno@etlm.ch*

### ZIEL IN DER UMGEBUNG

#### Indemini/Veddascatal     [114 C4]   *Insider Tipp*

Ein lohnender, etwas anstrengender Ausflug dem Himmel entgegen ins stille Hinterland, gewürzt mit einem Schuss Schmugglerromantik. Wenn Sie dort eintreffen, haben Sie – ob mit dem privaten Wagen oder dem Postauto – ab Vira bereits eine rund 15 km lange, atemberaubende Passstraße bezwungen. Da liegt dieses Indemini (939 m, 65 Ew.), sonnig und windgeschützt zwar, aber abgelegen wie kein zweites Dorf im Tessin – und immer an der Grenze zwischen Leben und Sterben: Die Dorfschule ist seit Herbst 2000 mangels Kindern geschlossen. Doch das Ende der Welt ist nicht hier – ein einsamer, aber bemannter Grenzposten weist nach Italien. Auf der waldigen, kurvenreichen Abfahrt durch das Veddascatal tauchen hin und wieder unvermutet ein paar Minidörfer auf, in denen die Zeit stillsteht. Und unten in Maccagno, zurück am Ufer des Lago Maggiore, denkt man, alles sei ein Traum gewesen. Essen können Sie im *Ristorante Indeminese (Di-Abend geschl., Tel. 09 17 95 12 22, €)*, übernachten im *Ostello Genziana (Tel. 09 17 95 11 30, kein Fax, €)*, einer einfachen Herberge mit Mehrbettzimmern.

# LOCARNO

### Karte in der hinteren Umschlagklappe

**[114 B–C4]** Locarno – der Name hat über die Grenzen der Schweiz hinaus einen großen Klang. Da erstaunt es, wie klein dieses Locarno in Wirklichkeit ist. Ein Städtchen (198 m,

15 000 Ew.), zum eigenen Bedauern geografisch abgeschnitten von den Impulsen der großen Verkehrsachse zwischen Nord- und Südeuropa, ein Mikrokosmos, in dem jeder jeden kennt. Diese Kleinheit mag man mit Provinzialität gleichsetzen – im Falle von Locarno zählt aber etwas anderes: der Charme des Überschaubaren, der dem Städtchen trotz der internationalen Ambitionen auf dem Tourismusmarkt nicht abhanden gekommen ist. Nie wird das so deutlich wie jedes Jahr Anfang August: Zum internationalen Filmfestival ist Locarno für zehn Tage der Nabel der Filmwelt – und es zelebriert diese Aufmerksamkeit mit einer Großzügigkeit, die nur ein Kleinstädtchen zu Stande bringt.

## SEHENSWERTES

### Castello Visconteo

Von der Burganlage, welche die Mailänder Herzogsfamilie Visconti im 14. Jh. bauen ließ, ist heute nur noch das Schloss übrig, dabei gehörte einst sogar ein befestigter Hafen dazu. Das Kastell mit dem markanten runden Turm beherbergt das *archäologische Museum* der Region, die für ihre Funde aus der prähistorischen und der Zeit der Römer bekannt ist. Bedeutend ist die Sammlung römischer Gläser und Vasen. *April–Okt. Di–So 10–17 Uhr, Piazza Castello 2*

### Madonna del Sasso

★ ☀ Die gelbe Wallfahrtskirche thront wie ein Schutzengel über Locarno. Sie kann zu Fuß auf dem Kreuzweg erreicht werden – wobei die herrliche Aussicht über Stadt und See gleich inbegriffen ist. Das Gotteshaus stammt aus dem 16. Jh. und enthält kunstvolle Malereien sowie lebensgroße Holzfiguren. Wer auf den halbstündigen Treppenaufgang verzichten will oder muss, nimmt die Standseilbahn *(funicolare)*, die alle 15 Minuten von der Via Ramogna fährt. *Via Santuario 2, Orselina*

*Die Wallfahrtskirche Madonna del Sasso thront 150 m über Locarno*

*Großes Kino auf großer Leinwand – ein Sommernachtstraum in Locarno*

## Piazza Grande

Locarnos Piazza Grande zählt zu den schönsten Plätzen der Schweiz. Das Jahr hindurch muss man sich jedoch die geparkten Autos wegdenken, damit man freie Sicht auf die schwungvollen Häuserzeilen hat, was man am besten bei einem Espresso in der *Bar Verbano* tut. Etwas vom Herrlichsten ist die Piazza an einem Sommerabend im August beim Filmfestival: Dann verwandelt sich der 7000 Personen fassende Platz in ein Freiluftkino mit Megaleinwand und toller Atmosphäre.

## MUSEUM

## Casa Rusca

Skulpturen und Gemälde des Dadaisten Jean Arp und seiner Lebensgefährtin Marguerite bilden die ständige Sammlung der *Pinacoteca Comunale,* die aber auch mit Wechselausstellungen aufwartet. *Di–So 10–17 Uhr, Piazza Sant'Antonio 5*

## ESSEN & TRINKEN

## Centenario

Die kulinarische Topadresse in Locarno, französische Küche unschein-bar in der Restaurantzeile am Uferkai von Muralto versteckt. Für Gourmets mit gefülltem Geldbeutel. *So/Mo geschl., Lungolago Motta 17, Tel. 09 17 43 82 22, €€€*

## Centovalli

Regelmäßige Tessinbesucher kommen jedes Mal ins Centovalli im Dörfchen *Ponte Brolla* 4 km von Locarno entfernt. Mit Grund: Der Risotto ist ein Traum, das Ambiente hat Stil, ohne aufgesetzt zu wirken. Unbedingt reservieren! *Mo/Di geschl., Tel. 09 17 96 14 44, €€*

## Costa Azzurra

Wunderschöne Lage im Stadtteil Solduno am Fluss Maggia. Mittags steht der große Garten mit Spielplatz zur Verfügung, drinnen gediegene Räumlichkeiten für ein gepflegtes Abendessen. Kreative Saisonküche. *Tgl., Via Bastoria 13, Tel. 09 17 51 38 02, € – €€*

## Trattoria da Luigi

Mitten im Zentrum, zwischen Bahnhof und Piazza Grande. Solide, italienische Kost ohne Eskapaden. *Tgl., Via Dogana Vecchia 1, Tel. 09 17 51 97 46, €€*

### Pizzeria Primavera

🔆 Zugegeben, man sieht es ihr nicht an: Aber hier gibts die besten Pizzen von Locarno, Locarnos Schüler und jung Gebliebene wissen es zu schätzen. *Tgl., Via all'Ospedale 4, Tel. 09 17 51 77 36,* €

## EINKAUFEN

### Gianni Mumenthaler

Kunsthandwerk finden Sie im Tessin überall, oft aber aus Massenproduktion an der Grenze des Kitschs. Diese Gefahr besteht in Gianni Mumenthalers kleinem, feinem Atelier nicht. *Tegna, 4 km nordwestlich von Locarno, Besuche nach Anmeldung, Tel. 09 17 96 26 54*

### In Vino Veritas

*Insider Tipp*

Wer sich für den Tessiner Merlot interessiert, wird hier mit Begeisterung in die Geheimnisse eingeführt. *Piazza Grande 20 a*

### Libri Gatto Nero

*Insider Tipp*

Die quirlige Besitzerin Rosi Maier findet in ihrer deutschsprachigen Buchhandlung bestimmt auch für Sie ein lesenswertes Buch. *Mo geschl., Via Rusca 4*

## ÜBERNACHTEN

### Orselina

🔆 Hoch über Locarno in Orselina, majestätische Sicht über den See ins Gambarogno. Alberto Amstutz gehört zu den engagiertesten Hoteliers der Gegend. *78 Zi., Via Santuario, Tel. 09 17 35 44 44, Fax 09 17 35 73 51, www.orselina.com,* €€€

### Palagiovani

Ein einfaches, preiswertes Hotel nicht nur für Jugendliche. Im glei-

chen Haus befindet sich eine moderne Musikschule sowie ein Lokalradio. *72 Zi., Via Varenna 18, Tel. 09 17 56 15 00, Fax 09 17 56 15 01, locarno@youthhostel.ch,* €

### Villa Pauliska

*Insider Tipp*

Einst schlief russischer Adel in diesen Wänden, jetzt ist die Villa ein schnörkelloses, aber gepflegtes Gasthaus, ideal zum Ausschlafen nach anstrengendem Abendprogramm. 🔆 Restaurant *(Di geschl.)* mit Seeblick. *6 Zi., Via Orselina 6, Tel. 09 17 43 05 41, kein Fax,* €€

## SPORT & FREIZEIT

### Flussbaden

★ 🔆 Wer in Locarno Urlaub macht, darf eines auf keinen Fall verpassen: sich auf den bizarr geschliffenen Felsen der nahen Bergbäche in der Sonne zu räkeln und sich im kalten Wasser abzukühlen. Es gibt unzählige Badeplätze, vor allem an der *Maggia* (bei Ponte Brolla oder am Oberlauf zwischen Brontallo und Broglio), an der *Melezza* (zwischen Verscio und Cavigliano) oder an der *Verzasca* (bei Lavertezzo).

### Klettern

Die Dörfer Avegno, Ponte Brolla und Tegna bieten mit ihren steilen Felsen ideale Kletterrouten. Informationen beim *Ufficio Guide Alpine Ticino (Tel. 09 19 68 11 19 oder 077 85 98 82).*

## AM ABEND

### Bar Simba

*Insider Tipp*

🏃 Man trägt Schwarz: junges Publikum, hämmernde Musik und ausgelassene Stimmung bis tief in die Nacht hinein. *Mo geschl., Lungolago Motta 3 a*

*Ein Badetraum: von den besonnten Felsen ins kühle Bergwasser der Verzasca*

### La Rotonda

↗ Restaurant, Dancing, Nachtclub – die Rotonda 5 km östlich in *Gordola* gehört zu den Ausgehstandards in der Region. *Tgl., Via San Gottardo*

### ZIELE IN DER UMGEBUNG

**Cardada und Cimetta**     [114 B3]

◁▷ Auch Locarno will mit Architektur glänzen: Kabinen sowie Tal- und Bergstation der Luftseilbahn Orselina–Cardada wurden 2000 nach Plänen des Tessiner Stararchitekten Mario Botta renoviert. Die extravaganten Gondeln garantieren atemberaubende Tiefblicke. Oben bieten Locarnos Hausberge Cardada, 1332 m, Cimetta, 1672 m) beste Bedingungen für Wanderer und Mountainbiker. Die Aussicht ist grandios, und in schneereichen Wintern kann man hoch über den Palmen und dem See sogar Ski fahren. Mit der Standseilbahn von der Via Ramogna zuerst nach Orselina. *Die Kabinenbahn fährt tgl. von 7.30 bis 20 Uhr, im Hochsommer bis 23 Uhr*

**Maggiatal**     [113 F1–2,
**(Valle Maggia)**     114 A–B 1–3]

Die Valle Maggia führt von den Palmen Locarnos zum eiskalten Gletscher des Basodino. Unbedingt besuchenswert ist die vom Architekten Mario Botta in kühnem Wurf konzipierte Bergkirche *San Giovanni Battista* im abgelegenen *Mogno*, das eine kurvenreiche Anfahrt erfordert. Dafür entschädigt die *Antica Osteria Dazio (tgl., Tel. 09 17 55 11 62, auch kleines Hotel, € – €€)* im Dörfchen *Fusio* mit rustikaler Polenta und delikatem Brotkuchen. Behändes Lenkraddrehen ist auch für die Fahrt nach *Bosco Gurin (www.bosco-gurin.ch)* gefragt, der höchstgelegenen ganzjährig bewohnten Tessiner Gemeinde – und der einzigen, die offiziell deutschsprachig ist. Sehenswertes Museum zur *Walserkultur (Ostern* bis Okt. Di–Sa 10–11.30 und 13.30 bis 17, So 13.30–17 Uhr).

**Insider Tipp**

## Onsernonetal [113 E–F3, (Valle Onsernone) 114 A3]

Das wildromantische Tal, 20 Autominuten von Locarno entfernt, mit seiner kurvenreichen Straße und den neun pittoresken Dörfern von Auressio bis Spruga ist an sich schon eine Sehenswürdigkeit. Dies fand auch der große Schweizer Schriftsteller Max Frisch, der von 1962 bis zu seinem Tod 1991 im Dorf Berzona lebte. Sein Nachbar war Alfred Andersch, der ebenda begraben liegt. Ohne die Deutschschweizer Aussteiger, die in den Siebzigerjahren nach einem alternativen Leben suchten, wäre das Tal heute entvölkert. Das Onsernonetal erreicht man mit dem Auto oder ab Locarno mit dem Postauto. In *Loco* ein liebevoll eingerichtetes, kleines *Talmuseum (April bis Okt. Di–So 14–17 Uhr).*

## Verscio [114 B3–4]

Das kleine Verscio (275 m, 900 Ew.), zehn Autominuten von Locarno entfernt Richtung Centovalli, hat einen internationalen Ruf – dank einem großen Mann. Dimitri, so etwas wie der Schweizer Nationalclown, führt hier sein Theater sowie seine Artistenschule, was dem Steinhausdorf den Reiz der Boheme beschert hat. Seit 2000 enthält *Dimitris Kleinkunstoase* auch ein *Minimuseum der Komik (März bis Okt. bei Vorstellungen 17–24 Uhr, Auskunft Tel. 09 17 96 25 44, www.teatrodimitri.ch).*

## Verzascatal (Val Verzasca) [114 C1–3]

Das smaragdgrüne Wasser macht aus dem engen Tal mit den gewalti-

gen, drohend wirkenden Felswänden eine spektakuläre, anziehende und unverfälschte Naturschönheit. Die große Talsperre am Taleingang 10 km von Locarno begrenzt zwar einen mächtigen Stausee, in dem mehrere Dörfer »ertränkt« wurden. Doch weiter hinten hält das Tal einige Perlen bereit – beispielsweise die Minisiedlung *Corippo,* die wegen ihrer architektonischen Einheit unter Heimatschutz steht. Oder die mittelalterliche Brücke *Ponte dei Salti* in Lavertezzo, die kühn die grüne Verzasca überspannt. Wer bis in die hinterste Ortschaft, *Sonogno,* vordringt, entspannt sich im *Grotto Efra (tgl., Tel. 09 17 46 11 73, €),* wo *salametti* und *formaggini* den Gaumen, der Wasserfall das Auge und die Sonne das Gemüt erfreuen.

**Insider Tipp**

Das Verzascatal ist das Mekka der Taucher und Sonnenbader. Die pittoresken Formen, die der Fluss in sein Gneisbett geschliffen hat, bilden eine einzigartige Unterwasserwelt.

## STRESA

[119 D–E3] Im 19. Jh. wuchs Stresa (200 m, 4900 Ew.) dank seiner eindrucksvollen Lage am Eingang des Borromäischen Golfes zu einem bedeutenden Kurort und beherbergte zahlreiche Berühmtheiten wie Charles Dickens, Stendhal, Lord Byron. Noch heute versprüht der Touristenort einen Hauch von Noblesse, wenn auch die prunkvollen Jugendstilhotelpaläste an der imposanten Straßenpromenade ihren einstigen Glanz verloren haben. Heute kommen nicht mehr Adelsfamilien, sondern Bustouristen und überfüllen im Hochsommer die autofreie Altstadt.

### La Botte
Lebhaftes Restaurant in der Altstadt mit großzügiger Speisekarte und preiswerten Menüs. *Mi geschl., Via Mazzini 6/8, Tel. 032 33 04 62, €*

### Osteria degli Amici
Unter einer Pergola feine Pizzen und Pastagerichte. *Di geschl., Via Bolongaro 33, Tel. 032 33 04 53, €€*

### Piemontese
Gediegenes, ruhiges Restaurant mitten in der Stadt. Entenleberterrine und Lammkarree werden ebenso serviert wie eine reichhaltige Käseplatte und ausgezeichnete Nachspeisen. *Mo geschl., Via Mazzini 25, Tel. 032 33 02 35, €€*

### Fiorentino
Einfaches Hotel mitten in der Stadt mit beliebtem Restaurant. *14 Zi., Via Bolongaro 9, Tel. 032 33 02 54, Fax 03 23 93 38 22, €*

### Grand Hotel Des Îles Borromées
Das edelste der Nobelhotels direkt am Strand – mit entsprechenden Preisen. *185 Zi., Corso Umberto 167, Tel. 03 23 93 89 38, Fax 032 33 24 05, borromees@borromees.it, €€€*

*Piazza Marconi 16, 28838 Stresa, Tel. 032 33 01 50, Fax 032 33 25 61*

### Arona [119 E5]
Die Kleinstadt (212 m, 15 000 Ew.) 15 km südlich ist der ideale Ort zum Flanieren. Die Hauptstraße führt abseits vom Ortskern vorbei, das Zentrum ist geprägt von einer autofreien, lebendigen Einkaufsstraße. Arona ist die Geburtsstadt von Carlo Borromeo, der im 16. Jh. als Erzbischof von Mailand gegen die Protestanten kämpfte und während der Pestepidemie mit Versorgungsmaßnahmen zahlreichen Menschen das Leben rettete. Seine 🔆 *Burg* ist heute eine Ruine, die Aussicht dagegen grandios – sowohl auf den See wie auch auf die Zwillingsburg in Angera. Der hl. Karl steht nebenan als 23 m hohe *Statue,* die durch eine Treppe im Inneren bestiegen werden kann.

Ein sympathischer Treffpunkt in Arona ist das 🔆 *Café de la Sera (Mo-Mittag geschl., Lungolago Marconi 85, Tel. 03 22 24 15 67, €)* – hierher kommen die Einheimischen, sei es mittags zu einer kleinen Mahlzeit oder abends für einen Cocktail. Zentral gelegen ist das *Hotel Giardino (55 Zi., Corso Repubblica 1, Tel. 032 24 59 94, Fax 03 22 24 94 01, hgiardino@mythos.it, €€).* Auskunft: *Piazzale Duca d'Aosta, 28041 Arona, Tel./ Fax 03 22 24 36 01*

### Borromäische Inseln (Isole Borromee) [119 D–E 2–3]
★ Sie werden zuweilen als Weltwunder bezeichnet: die drei Borromäischen Inseln – benannt nach ihren ehemaligen Besitzern, der einflussreichen Mailänder Familie Borromeo – Isola Bella, Isola Madre und Isola dei Pescatori. Die Inseln können mit dem Kursschiff von Stresa, Pallanza und Baveno aus besucht werden – ein leider ziemlich kostspieliger Ausflug.

Als wahres Wunderwerk gilt die *Isola Bella.* Obwohl der *Palast (Ende*

*März–Sept. tgl. 9–12 und 13.30 bis 17.30, 1.–24. Okt. bis 17 Uhr)* mit seinem prunkvollen Ballsaal und den weitläufigen Freitreppen im 17. Jh. begonnen und erst im 19. Jh. vollendet wurde, wird der Bau als Einheit empfunden. Ein regelrechtes Kunstwerk sind die zu einer Pyramide zulaufenden *Terrassengärten.*

Die größte der drei Inseln ist die *Isola Madre,* deren *Palast (gleiche Zeiten)* Lancilotto Borromeo 1501 zu bauen begann. Hier sind seltene Marionettenfiguren ausgestellt, doch ist es wiederum der *Garten* mit einer spektakulären Zypresse, der einzigartig ist.

Die *Isola dei Pescatori* wäre auch heute noch ein schlichtes Fischerdorf, hätten nicht die Fischer den zahlreichen Restaurants Platz gemacht. Es ist empfehlenswert, die Inseln am Rande der Reisezeit zu besuchen, damit man nicht nur die unzähligen Souvenirläden, sondern auch die dann etwas abschwellenden Touristenströme übersehen kann. Auskunft: *Isola Bella Tel. 03 23 30 55 56, Isola Madre Tel. 032 33 12 61*

**Mottarone** **[119 D3]**

★ Zugegeben: Oben auf dem Gipfel ist der Aussichtsberg (1491 m) nicht eben stilvoll »möbliert«, aber der Blick hinunter in die Poebene, zum Lago Maggiore und zum kleinen Ortasee kompensiert das allemal. Wer den anstrengenden Fußmarsch scheut, nimmt die kürzlich renovierte Seilbahn. Sehenswert ist der *Giardino Botanico Alpinia (April bis Mitte Okt. Di–So 9–18 Uhr)* auf halber Höhe mit Pflanzen aus China und Japan. Ebenfalls an der Straße zum Mottarone liegt das Dorf *Gignese* mit einem wahren Kuriosum: Im Schirmmuseum *Museo dell'Ombrello (April–Sept. Di–So 10–12 und 15–18 Uhr)* wird die Geschichte des Schirms amüsant und anschaulich dargestellt.

## VERBANIA

**[119 E2]** Das stilvoll dekorierte Eisendach der alten Schiffsanlegestelle von Intra (von hier verkehrt die Autofähre ans Ostufer nach Laveno) zeugt

*Nach dem Spaziergang durch den Barockpark ein Bad im See: Isola Bella*

noch davon, dass die Schiffe mit ihrer Ware hier einst willkommen waren. Die *tettoia* wurde kürzlich wieder hergerichtet und ist ein Beispiel für die Ingenieurkunst des 19. Jhs. Intra und Pallanza sind zur Stadt Verbania (197 m, 30 000 Ew.) zusammengeschlossen und bilden das wichtigste Industrie- und Handelszentrum des Lago Maggiore. Die lebhafte Stadt mit ihren berühmten Gärten ist zudem Hauptort der Provinz Verbano-Cusio-Ossola.

## SEHENSWERTES

### Gärten der Villa Taranto

Der 16 ha große Park gehört zu den schönsten botanischen Gärten der Welt. Zu verdanken ist er einem schottischen Hauptmann, der die aus dem 19. Jh. stammende Villa samt Gelände 1931 erworben und die typisch italienischen Terrassen mit dem englischen Gartenbau zu perfekter Harmonie vereint hatte. Heute ist die Anlage direkt am See mit dem eigens geschaffenen kleinen Tal, den Wasserkaskaden und den rund 20 000 exotischen Pflanzen aus allen Erdteilen im Besitz des italienischen Staates. Zugänglich ist nur der Park, die Villa kann nicht besichtigt werden. *April–Okt. tgl. 8.30–19.30 Uhr, Via Vittorio Veneto 111 (Pallanza)*

### Madonna di Campagna

Im Stadtteil Suna liegt die zum Nationaldenkmal erklärte Renaissancekirche. Sie wurde Anfang des 16. Jhs. aus den Resten eines romanischen Gotteshauses errichtet, von dem noch der Kampanile mit Schwibbogen zu sehen ist. Im Innern sind die aus dem späten 16. Jh. stammenden Fresken sowie das Taufbe-

cken und das hölzerne Chorgestühl von Bedeutung. *Viale Azari 113*

### Villa San Remigio

Die gleich neben der Villa Taranto ebenfalls am Hügel Castagnola liegende Villa wird oft der kleinere Bruder der Villa Taranto genannt. Ein Künstlerpaar erfüllte sich Anfang des 20. Jhs. einen romantischen Traum und ließ einen lauschigen Garten anlegen, der die Besucher in die Zeit von Dante und Petrarca zurückversetzen soll. Zur Anlage gehört eine unter Denkmalschutz stehende romanische Kapelle, die – wie auch der Garten – nur mit Führung besucht werden kann. *Anmeldung beim Assessorat für Tourismus, Tel. 03 23 50 32 49 und 03 23 55 66 69*

## MUSEUM

### Museo del Paesaggio

Im Palazzo Viani-Dugnani sind Gemälde und Skulpturen von lombardischen und piemontesischen Künstlern aus dem 18. und 19. Jh. ausgestellt; außerdem eine archäologische Sammlung sowie religiöse Kunstwerke. *Di–So 10–12 und 15.30–18.30 (Nov.–März bis 17) Uhr, Via Ruga 44 (Pallanza)*

## ESSEN & TRINKEN

### Boccon di Vino

Eine echte Trattoria mit ländlicher Küche und familiärer Atmosphäre. *So geschl., Via Troubetzkoy 86 (Pallanza), Tel. 03 23 50 40 39,* €

### Il Dollaro

🏃 Sandwichbar in Intra, in der sich die Jugend Verbanias trifft. *Mo geschl., Via Vigne Basse 2, Tel. 03 23 40 33 02,* €

**Milano**

Feines Restaurant in schöner Lage direkt am See, das stets mit neuen Kreationen überrascht. *Di geschl., Corso Zanitello 2 (Pallanza), Tel. 03 23 55 68 16,* €€€

**Piccolo Lago**

Beliebtes Restaurant im Ortsteil Fondotoce am kleinen Lago Mergozzo mit ausgewählten, schmackhaften Risotti. *Okt.–Mai Mo geschl., Via Turati 87, Tel. 03 23 58 67 92,* €€€

### ÜBERNACHTEN

**Camping Village Isolino**

Der größte Campingplatz der Gegend liegt im Stadtteil Fondotoce. Er bietet einen Privatstrand sowie Möglichkeiten zum Wassersport. *Via per Feriolo 25, Tel./Fax 03 23 49 60 80*

**Ostello Villa Congrave**

Angeboten werden in der alten Villa Familien- und Mehrbettzimmer sowie Halb- oder Vollpension zu vernünftigen Preisen. Wer einen Ausflug machen will, kann ein Picknick vorbestellen. *12 Zi., Via alle Rose 7, Tel./Fax 03 23 50 16 48,* €

### SPORT & STRAND

Tauchen, Wasserski, Rudern, Beachvolleyball und Aerobic: Diese Sportarten können an den Sand- und Kiesstränden im Stadtteil Suna praktiziert werden. Die *Spiaggia Vecchia* im Naturschutzgebiet von Fondotoce ist nur per Fahrrad oder zu Fuß erreichbar.

**Insider Tipp**

### AUSKUNFT

*Corso Zanitello 6/8, 28922 Verbania-Pallanza. Tel./Fax 03 23 50 32 49, www.verbania.alpcom.it/verbania*

### ZIELE IN DER UMGEBUNG

**Cannero Riviera** [119 F1]

Der Ort (225 m, 1100 Ew.) 15 km nördlich ist wegen seinen beiden Burginseln bekannt: Die aus dem 13. Jh. stammenden Ruinen *Castelli di Cannero* befinden sich allerdings in einem bedenklichen baulichen Zustand. Die Region Piemont plant zurzeit, die von zahlreichen Legenden umwobenen Pirateninseln zu restaurieren sowie eine Schiffsanlegestelle zu bauen. Das ist jedoch Zukunft.

Woran Sie sich heute schon erfreuen können, ist der kleine, herrlich windgeschützte Strand am *Lido* unten am See. Dass Cannero eine besonders milde Ecke ist, beweisen die in den Gärten im Dorf blühenden Zitronen- und Olivenbäume.

**Insti' Tipp**

**Ortasee (Lago d'Orta)** [118 C3–5]

Er sei exzentrisch, ein Rebell gar, heben Liebhaber an, wenn sie vom Ortasee reden. Tatsächlich unterscheidet sich der 30 Autominuten von Verbania gelegene, kleine See mindestens in einem Punkt markant von Lago Maggiore oder Comer See: Der Lago d'Orta wird nämlich nach Norden hin entwässert – das Flüsschen Nigoglia, das bei Omegna den See verlässt, strömt nicht, wie es logisch schiene, der flachen Poebene entgegen, sondern direkt Richtung Berge. Der See besitzt eine überaus romantische Ausstrahlung. Selbst Friedrich Nietzsche, der deutsche Philosoph, erlag ihr. 1882 verliebte er sich hier in die russische Schriftstellerin Lou Salomé.

Wie der Ortasee so daliegt, klein, fast putzig, ohne die Grandezza von Lago Maggiore oder Comer See, eingebettet in grüne Hügel, gesäumt von einer Kette kleiner Dörfchen, ge-

## La Macchina

### Verkehrskollaps und Smog rütteln am Kultstatus des Autos in Italien

Das Auto – *la macchina* eben – hat südlich der Alpen noch immer fast unbeschränkte Vorfahrt. Bemerkenswert ist, dass die lateinische Automentalität auch bei Kürzestfahrten (etwa dem Kindertransport zur nahen Schule oder dem Einkauf im Dorfladen) absolut keine Hemmschwelle kennt, und es fällt auf, dass vorschriftswidrig kaum jemand vor einem Zebrastreifen anhält. Zweifellos hat die enge Beziehung zum Auto auch nachvollziehbare Gründe: Die Region zwischen Mailand und Gotthard ist hoffnungs- und konzeptlos zersiedelt worden. Doch es gibt zaghafte Versuche, der Autohysterie Einhalt zu gebieten: Wenn die Smogsituation im Winter zu dramatisch wird, schaffen es die Behörden inzwischen, in den wichtigsten norditalienischen Städten kurzfristig autofreie Sonntage durchzusetzen. Und im Tessiner Städtchen Mendrisio läuft seit ein paar Jahren ein Großversuch für die Verbreitung elektrischer Leichtmobile.

schmückt von der Insel San Giulio mit ihrem Benediktinerkloster – dieser Anziehungskraft vermag man sich kaum zu entziehen. Dass es mit der Wasserqualität des Sees nicht zum Besten steht, ist betrüblich, doch genießen kann man die kleine Perle trotzdem.

Schon vor drei Jahrhunderten ließ sich die Highsociety aus Norditalien am Ortasee Zweitresidenzen bauen. Heute versprühen diese herrschaftlichen Gebäude, besonders im orangefarbenen Licht der untergehenden Sonne, eine geheimnisvolle, fast unwirkliche Eleganz. Und bei hereinbrechender Nacht wird der kleine See, etwa auf der Piazza Motta in Orta San Giulio, zur erhabenen Oase der Stille.

Zur Übernachtung lädt in *Orta San Giulio* das *Hotel Orta (33 Zi., Piazza Motta 1, Tel. 032 29 02 53, Fax 03 22 90 56 46, info@hotel* *orta.it, €€)*, zum Essen das Restaurant *Olina (Mi geschl., Via Olina 40, Tel. 03 22 90 56 56, €€)*. Auskunft: *Via Panoramica, Orta San Giulio, Tel. 03 22 90 51 63, inforta@distrettola ghi.it*

**Parco Nazionale** [112–113 C–D6,
**della Val Grande** 119 D1] *Insider Tipp*

Im Hinterland von Verbania befindet sich das angeblich größte unberührte Gebiet Italiens: Den 120 km$^2$ großen Naturpark können Sie zu Fuß, per Fahrrad oder mit Pferden erkunden. Aber Achtung: Ohne Führung kann man sich leicht verirren. Empfehlenswerter Ausgangspunkt ist das von Verbania rund 17 km entfernte *Cicogna*. Auskunft: *Parco Nazionale della Val Grande, Villa San Remigio, 28922 Verbania, Tel. 03 23 55 79 60, Fax 03 23 55 63 97, www.parcovalgran de.it*

# Kleiner See mit großen Überraschungen

## Lugano ist das unbestrittene Zentrum des Sees – aber nicht die einzige Schönheit

**V**or dem Balkon fällt ein alter, südlicher Baumgarten steil den Berg hinunter: Palmen mit dicken Fächerkronen, Kamelien, Rhododendren, Mimosen, Judasbaum, dazwischen einige hohe Eiben, von Glyzinien ganz überklettert, und schmale, schwebende Rosenterrassen. Dieser verschlafene alte Garten hängt zwischen mir und der Welt. So bin ich leidlich geschützt, wenn ich auch der Welt nicht ganz und gar entrinnen bin, noch entrinnen will.« Diese Empfindungen brachte der deutsche Schriftsteller Hermann Hesse 1926 auf dem Balkon seines zauberhaften Hauses in Montagnola bei Lugano, wo er über 40 Jahre lang lebte, zu Papier. 75 Jahre später ist zwar vieles anders: Die überschäumende Natur ist auch am Luganer See, in Italien Ceresio genannt, vielerorts gezähmt, in Parzellen gezwängt, von Straßen und Häusern zerschnitten, von Lärm beeinträchtigt. Aber die Landschaft um den kleinsten der drei großen

*Ungewisse Zukunft: Die berühmte Villa Favorita in Luganos Stadtteil Castagnola beherbergt Teile der Fondazione Thyssen-Bornemisza*

*Lugano liegt südexponiert an einer geschwungenen Bucht des Sees*

Oberitalienischen Seen hat den Zauber, der seinerzeit den Dichter derart einnahm, keineswegs verloren.

Da hat sich zwar die reiche, stolze Stadt Lugano, wo die Rationalität des Finanzplatzes an jeder Ecke hervorlugt, in ihrer wunderbaren Bucht ohne ästhetische Rücksichtnahme breiter und breiter gemacht. Da donnern jährlich über 1 Mio. Lastwagen und fast 9 Mio. Personenwagen auf der Gotthardautobahn am Seeufer entlang und hinterlassen Lärm und Abgase. Doch der vielfingrig gewundene Lago di Lugano hat nicht aufgehört, seine märchenhafte Magie des Unwirklichen auszustrahlen: Wer

*Ein Plätzchen im Himmel: Restaurant auf Luganos Hausberg Monte Brè*

von einem der phantastischen Aussichtspunkte der Region auf die grüne, vielerorts nur von kleinen Dörfern durchsetzte, fjordähnliche Traumlandschaft blickt, mag die weniger schönen Seiten dieser Welt für eine Weile vergessen.

Mit Ausnahme zweier Uferstreifen (zwischen Gandria und Porlezza im Osten und zwischen Porto Ceresio und Ponte Tresa im Westen des Sees) sowie der italienischen Enklave Campione d'Italia liegt der Luganer See in der Schweiz. Lugano schaffte den Aufschwung zur Finanzmetropole erst nach dem Bau des Damms von Melide (1847) und der Inbetriebnahme der Gotthardbahn (1882). Heute verfügt die Region über eine perfekte touristische Infrastruktur – vom Flugplatz über Hotels und Campingplätze aller Kategorien bis zu Spitzenrestaurants und urtümlichen Grotti, ja sogar ein Spielkasino, das Campione übertrumpfen will.

## Lugano

### Karte in der hinteren Umschlagklappe

[121 D1] Eines wird Ihnen sofort auffallen, wenn Sie Lugano (273 m, 26 000 Ew.) besuchen: An Selbstvertrauen fehlt es dieser Stadt nicht. Da ist wenig zu spüren von der mitunter etwas aufgesetzten Bescheidenheit, die man im Tessin oft antrifft. Lugano, das mit den umliegenden Gemeinden zu einer 80 000 Ew. zählenden Agglomeration zusammengewachsen ist, pflegt trotz seiner Kleinheit die großstädtische Attitüde bis zur Provokation. Die Stadt gibt sich elegant, mondän, souverän, selbstbewusst – und ganz gern wie wenig ungeniert. Diese unbescheidene Selbsteinschätzung spiegelt sich im alltäglichen Straßenbild, wo sich die Lässigkeit der gut Situierten mit italienischer Eleganz kombiniert.

Gegelte Haare, Maßanzüge und Designersonnenbrillen gehören zum Standard, wenn man in Luganos Altstadtgassen fürs mittägliche Sandwich ansteht.

Die Faszination Luganos liegt – auf den ersten Blick zumindest – offen da. Die Lage der Stadt sucht ihresgleichen. An der geschwungenen Seebucht zwischen den Hausbergen Monte San Salvatore und Monte Brè südexponiert gelegen, wird Lugano mitunter sogar mit Rio de Janeiro verglichen.

Doch Lugano hat auch seine dunkle Seite: Das Städtchen ist wichtiger, als es auf Grund seiner Größe erscheint. Als drittwichtigster Finanzplatz der Schweiz ist Lugano seit Jahrzehnten Parkplatz für Milliarden von Franken – vor allem italienischer Provenienz. Im gleichsprachigen Tessin haben Italiener den geschützten Hafen gefunden, in dem sie ihr Geld in Sicherheit brachten und bringen – früher vor allem vor der hohen Inflation, später aus Angst vor den Kommunisten. Kein Wunder also, dass in der wunderbaren Stadt am Ceresio auch zwielichtige Finanziers Einzug gehalten haben. Vor allem das schweizerische Bankgeheimnis, aber auch die etwa für Zigarettenschmuggler günstige Gesetzgebung haben aus Lugano einen bevorzugten Standort für kriminelle Finanzhaie gemacht.

Davon merken Sie als Besucher allerdings nichts. Die außergewöhnliche Lage und die zahlreichen prunkvollen Villen und Palazzi, oft mit Arkaden versehen, verleihen der Stadt eine elegante Grandezza, gegen die selbst Grundstücksspekulation und Baufieber, die die historische Bausubstanz in den letzten 30 Jahren arg angegriffen haben, nicht ankommen.

## SEHENSWERTES

### Altstadt

Wer mit dem Zug in Lugano ankommt, hat Gelegenheit, buchstäblich in die Stadt einzutauchen.

## MARCO POLO Highlights »Luganer See«

★ **Piazza Riforma in Lugano**
Privilegierter Blick auf ein faszinierendes Tessiner Sittengemälde und abendlicher Treffpunkt (Seite 55)

★ **Hermann Hesses Montagnola**
Auf des Dichters Spuren in der betörender Wahlheimat des Nobelpreisträgers (Seite 58)

★ **Morcote**
Eine Ikone der Tessiner Sonnenstubenromantik, in der Realität schöner und spannender als auf jeder Postkarte (Seite 59)

★ **Via Nassa in Lugano**
In Luganos schicker Einkaufsstraße lockt der Kulinarientempel von Lino Gabbani (Seite 54)

Der Bahnhof liegt hoch über der Altstadt. Die altertümlich wirkende Standseilbahn führt von dort direkt hinunter auf die Piazza Cioccaro, ins Herz der verkehrsfreien Altstadt. Eine lohnende Alternative ist ein kurzer Spaziergang auf den Zickzackgässlein hinunter in die City – und beim Vorbeigehen legen Sie einen Halt auf der  Terrasse der Kathedrale *San Lorenzo (Via Borghetto 1)* ein: Der Blick auf die prunkvolle Fassade aus dem 16. Jh. und über die Dächer Luganos ist großartig.

## Monte Brè

 Der Monte Brè (925 m) ist der eine Hausberg Luganos, an dessen sonnigen Abhängen unzählige Villen und Residenzen hochgezogen wurden. Sie erreichen ihn per *Drahtseilbahn (tgl. 9.15–18.15 Uhr)* ab Lugano-Cassarate. Vom Gipfel, wo mehrere Restaurants warten, schöner Blick in die Alpen.

## Parco Civico und Villa Ciani

**Insider Tipp**

Der Parco Civico ist eine Oase – ein wunderbarer, frei zugänglicher Park am See nur wenige Gehminuten vom Stadtzentrum entfernt. Mitten in diesem Park steht die klassizistische Villa Ciani, die heute die *städtische Kunstsammlung (Di–So 10 bis 12 und 14–18 Uhr)* beherbergt. Künstlerische Glanzlichter sind die Werke des richtungsweisenden modernen sardischen Malers Aligi Sassu. Aber auch die Villa ist geschichtsträchtig: Die Gebrüder Giacomo und Filippo Ciani, Söhne einer nach Mailand emigrierten Tessiner Familie, flüchteten 1833 in das herrschaftliche Haus. Sie gewährten in den Jahren des politischen Aufbruchs Vertriebenen Unter-

schlupf und förderten den Fortschritt auch im Tessin.

## San Salvatore

 Luganos spektakulärer zweiter Hausberg (912 m), erreichbar per *Drahtseilbahn (Mitte März–Mitte Nov. tgl. 8.30–18.30 alle 30 Min., Juli/Aug. bis 23 Uhr)* ab Lugano-Paradiso. Traumhafte Rundsicht, und das Gipfelrestaurant lädt zum gepflegten Mahl.

## Santa Maria degli Angioli

Der mächtige Kasten des ehemaligen Nobelhotels Palace bröckelt an der Seepromenade vor sich hin. Fast erdrückt davon steht ein kleines Juwel daneben: Das Kirchlein Santa Maria degli Angioli glänzt in seinem Innern mit einem wertvollen Fresko von Bernardino Luini aus dem 16. Jh. *Piazza Bernardino Luini*

**MUSEEN**

### Fondazione Thyssen-Bornemisza

Die Villa Favorita ist ein Mythos. Das prachtvolle Haus aus dem 17. Jh. liegt in einem märchenhaften Garten am See im Stadtteil Castagnola. Ruhm erlangte die Villa, als sie 1932 in den Besitz der Familie Thyssen-Bornemisza gelangte und Sitz einer der bedeutendsten privaten Gemäldesammlungen Europas wurde. Noch zu Lebzeiten des Barons wurde ein wertvoller Teil der Sammlung nach Madrid verlegt. Besichtigungen sind noch möglich, doch die Zukunft scheint ungewiss. *April–Nov. Fr–So 10–17 Uhr, Via Cortivo 1*

### Museo Cantonale d'Arte

Das Kunstmuseum des Kantons Tessin zeigt eine permanente

Sammlung mit Werken von einheimischen und ausländischen Künstlern aus dem 19. und 20. Jh. *Di 14–17, Mi–So 10–17 Uhr, Via Canova 10*

## Museo delle Culture Extraeuropee

Außergewöhnliche, europaweit bedeutende ethnologische Sammlung. Das Künstlerpaar Serge und Graziella Brignoni hat in der Villa Heleneum gleich neben der Villa Favorita rund 600 meist aus Holz gefertigte Kult- und Kunstgegenstände aus Ozeanien, Indonesien und Westafrika zusammengetragen. *April–Okt. Mi–So 10–17 Uhr, Via Cortivo 24 (Lugano-Castagnola)*

## Museo Cantonale di Storia Naturale

Das naturgeschichtliche Gewissen des Tessins. Es bietet gut aufbereitete Einblicke in Geologie, Flora und Fauna der Südschweiz. *Di–Sa 9–12 und 14–17 Uhr, Parco Civico*

## Villa Malpensata

Das Museum für moderne Kunst in der stattlichen Villa Malpensata an Luganos Uferpromenade schafft es jedes Jahr, Sonderausstellungen berühmter Maler nach Lugano zu holen. *Ende März–Nov. Di–Fr 10–12 und 14–18, Sa/So 10–18 Uhr, Riva Caccia 5*

## ESSEN & TRINKEN

## Biblio-Café Tra

🏃 Wer eine ruhige Ecke sucht zum Verschnaufen, zum Lesen, um etwas zu trinken, ist hier richtig. Intellektuell-alternativer Touch, etwas abseits des Zentrums. *So geschl., Via Vanoni*

## Osteria Calprino

Das Rathaus der längst zur Stadt Lugano gehörenden Gemeinde Paradiso ist zu einem stilvoll eingerichteten Restaurant geworden, in dem echte Tessiner Küche gepflegt wird. *Mi geschl., Via Carona 28, Tel. 09 19 94 14 80, €–€€*

## La Lanchetta

Bescheidenes Snackrestaurant am Uferweg Richtung Castagnola. Doch an einem schönen Tag ist der Blick über den See einmalig – und wärmt das Herz auch mitten im Winter. *Tgl., Viale Castagnola 16, Tel. 09 19 72 25 98, €*

## Grand Café Al Porto

Mitten in der Altstadt ein renoviertes Lokal, das gleichwohl Erinnerungen an alte Zeiten weckt – an die Salons, in denen sich ehedem die Prominenz die Klinke in die Hand gab. Erstklassiges Gebäck aus dem Ofen der auch in Locarno und Ascona ansässigen Feinbäckerei Al Porto. *Mo–Sa 8–18.30 (Do bis 21) Uhr, Via Pessina 3*

## Grotto della Salute

Versteckt in einem Wohnviertel im Vorort Massagno finden Sie diesen mit Stil modernisierten Grotto. Mehrstöckige Gartenterrasse und ausgezeichnete Küche. *Luganesi* treffen sich hier zum Mittagessen. *Sa/So geschl., Via dei Sindacatori 4, Tel. 09 19 66 04 76, €*

## Santabbondio

Gourmets sehen in Martin Dalsass den momentan aufregendsten Koch im Tessin. Feinschmecker dürfen deshalb sein Reich oberhalb von Lugano keinesfalls auslassen. *Sa-Mittag, So-Abend und Mo geschl.,*

Via Fomelino 10, Sorengo, Tel. 09 19 93 23 88, €€€

## EINKAUFEN

### Früchte- und Gemüsemarkt

Die *Piazza della Riforma* verwandelt sich zweimal wöchentlich in einen stimmungsvollen Marktplatz nach italienischem Vorbild. *Di und Fr 8 bis 12 Uhr*

### Via Nassa und Via Pessina

Nein, nein, Sie sind nicht in Mailand. Die Shoppingpromenade Luganos, die parallel zur Seepromenade verlaufende ★ Via Nassa in der Altstadt, ist zwar so schick wie in großen Städten, aber quasi eine Miniatur, in wenigen Schritten zu durchmessen. Dafür bleibt Ihnen Zeit und Muße, sich im barocken Kulinarientempel von *Lino Gabbani* umzusehen, in dem es mittags und nach Büroschluss wie in einem Bienenstock zugeht. Ein halbes Dutzend Läden in einem Umkreis von wenigen Schritten um die zentrale Piazza Cioccaro befriedigen jeden Wunsch – in der *Bottega del Vino* tauchen Sie ab ins Reich des Merlot, bei *Il Fornaio* duften Ihnen phantasievolle Brote entgegen, in der *Bottega del Formaggio* tummeln Sie sich in der unendlichen Welt des Käses.

## ÜBERNACHTEN

### Camping

Der Golf von Agno ist das Campingzentrum am Luganer See. Mehrere gut ausgestattete Zeltplätze finden Sie bei der Ortschaft Agno – unweit des Flugplatzes allerdings. Auskunft: *Eurocampo, Tel. 09 16 05 21 14, Fax 09 16 05 31 87*

### Figino

Insi Tipp

Ein Juwel in traumhafter Lage, zehn Autominuten außerhalb von Lugano im Dörfchen Figino. Die herrschaftliche Villa ist keine Ju-

*Luganos Shoppingmeile Via Nassa: Schweizer Schick und ebensolche Preise*

gendherberge alten Zuschnitts, sondern ein preiswertes Hotel, sehr geeignet für Familien mit Kindern. Fünf Minuten vom See entfernt, großzügiges Gelände mit Grillplätzen, gute Küche – und ein Hexenhäuschen, das den Nachwuchs aus dem Häuschen bringt. *27 Zi., Casoro/Figino, Tel. 09 19 95 11 51, Fax 09 19 95 10 70,* €

### Stella Garni

Kleines, unscheinbares Haus mit persönlichem Charme und aufmerksamem Service in ruhigem Viertel, sehr geeignet auch für allein Reisende; nur ein paar Schritte vom Bahnhof entfernt. *17 Zi., Via Borromini 5, Tel. 09 19 66 33 70, Fax 09 19 66 67 55, www.hotel-stella. ch,* €€

### Villa Carona

Exklusive Herberge in exklusiver Lage: Die Villa Carona ist eine ehemalige Patriziervilla mit herrlichem Garten, in dem – welche Wonne – das Frühstück bei schönem Wetter unter freiem Himmel aufgetischt wird. Im hübschen Dörfchen Carona, zehn Auto- oder Postautominuten von Lugano entfernt, in Höhenlage über dem Luganer See in phantastischem Ausflugsgebiet. Kinderfreundlich, da Schwimmbad in der Nähe. *17 Zi., Tel. 09 16 49 70 55, Fax 09 16 49 58 60, www.villacarona.ch,* €€€

## SPORT & STRAND

### Lido Lugano

Das Strandbad mit Blick auf den majestätischen San Salvatore ist sieben Gehminuten vom Stadtzentrum Richtung Castagnola entfernt. *Campo Marzio*

### Skatepark Lugano

Die Skater haben ihren eigenen, mit Graffiti geschmückten Platz beim Cornaredostadion. Sicherheit geht vor: Knie- und Ellbogenschoner, Helm, Minderjährige nur in Begleitung!

### Wellnesszentrum The Planet

Das Fitnessfieber kann einen auch in den Ferien überkommen. Trockenübungen gibt es wenige, fast alles spielt sich im Wasser ab. *Mo–Fr 8–20, Sa/So 9–18 Uhr, Via Cantonale, Pambio-Noranco (5 Min. von Lugano), Tel. 09 19 94 74 84, www.theplanetwellness.com*

## AM ABEND

### Mango Club

🏃 Wer bei lateinamerikanischen Rhythmen durchstarten will, ist hier richtig. *Tgl. bis 5 Uhr früh, Piazza Dante 8*

### Officina della Birra

🏃 Eines der aktuellen Inlokale der Luganer Nachtschwärmer. Über die Bartheke werden vor Ort gebraute Biere gereicht, im Sommer wird leidenschaftlich gegrillt, und zwischen September und Mai finden an den Wochenenden regelmäßig Livekonzerte statt. *Tgl., Via Cademario im Industrievorort Bioggio*

### Piazza della Riforma

⭐ 🏃 *L'ombelico del mondo* – »der Bauchnabel der Welt«, als den sich Lugano mitunter sieht, ist sie nicht gerade: Aber die Piazza della Riforma an der Seepromenade ist unzweifelhaft das Herz Luganos. Hier trifft man sich. An der Piazza Riforma steht das Haus der Stadtregierung, in dessen Erdgeschoss sich ungeniert der Hamburgerbrater Burger King eingenistet hat. In den Sommermonaten wird überdies die Uferpromenade für den Verkehr gesperrt: Am Lungolago gibts deshalb allabendlich ein Happening der Skater, Biker und Flaneure – ein unterhaltsames Sittengemälde Luganos.

**La Romantica**
Das traditionsreichste und traditionsorientierte Tessiner Dancing auf dem Damm von Melide. *Tgl. 21.30–4 Uhr, Via Cantonale*

**Spielkasino**
Das neue Spielkasino in Lugano, das den guten alten Kursaal ablöst, will Campione d'Italia, dem Rivalen auf der anderen Seeseite, den Rang ablaufen – Luganos Kasino soll eines der führenden in Europa werden, mit hochmoderner Architektur, italienischem Design der Räumlichkeiten und vielseitigen Spielmöglichkeiten. *Tgl. 12–3 Uhr, Via Stauffacher, www.casinolugano.ch*

**Titanic**
🏃 Die größte Disko im Tessin, am Wochenende oft gerammelt voll. Im Vorort Pambio-Noranco im gleichen Gebäude wie das Wellnesszentrum The Planet. Unter der Woche auch *ballo liscio* (Gesellschaftstänze), sonst eher für jüngere Semester. *Via Cantonale (bei der Autobahnausfahrt Lugano-Sud)*

### AUSKUNFT

*Riva Albertolli, 6901 Lugano, Tel. 09 19 13 32 32, Fax 09 19 22 76 53, www.lugano-tourism.ch*

### ZIELE IN DER UMGEBUNG

**Campione d'Italia** [121 D1–2]
Die kleine Enklave am See, die von Italien abgeschnitten und nur über Schweizer Boden (per Schiff oder in 20 Autominuten, ohne Grenzformalitäten) zu erreichen ist, umweht ein Hauch des Verruchten. Kein

## Urlaubslektüre

**Drei Bücher, die Ihnen die Atmosphäre im Dreiseengebiet näher bringen**

Ein amüsantes Lesebuch zum Wandern (oder Wanderbuch zum Lesen) hat Beat Hächler herausgebracht: »Das Klappern der Zoccoli«. Die Wege führen über Stock und Stein, aber auch in die kühle Bankenstadt Lugano oder zu den Zigarrendreherinnen in Brissago. »Die Bargada« von Aline Valangin, eine Familiensaga, die sich auf einem Tessiner Bauernhof abspielt, ist 1943 erschienen. Die Schriftstellerin spann den Faden weiter in »Dorf an der Grenze«. Der Limmat Verlag hat nun beide Teile in einem Band vereint. »Experimente in Kunst und Leben auf dem Monte Verità« heißt der Untertitel des Sammelbandes »Sinnsuche und Sonnenbad« von Andreas Schwab und Claudia Lafranchi. Der Hügel mit der geheimnisvollen Ausstrahlung wird aus ganz unterschiedlicher Sicht geschildert.

*Ein Wintergarten für Romantiker: das ehemalige Fischerdörfchen Gandria*

Wunder: Lebensader von Campione d'Italia (273 m, 2400 Ew.) ist die von 500 Angestellten in Schwung gehaltene, gemeindeeigene Riesenspielhölle. Gleich dahinter wächst der Neubau von Mario Botta. Achtung: An den Grands Jeux ist gehobene Garderobe Pflicht. Für Kulturbeflissene glänzt in Campione die mächtige Kirche ✳ *Madonna dei Ghirli* mit mittelalterlichen Fresken.

## Gandria [121 E1]

Das ehemalige Fischerdörfchen Gandria (292 m, 220 Ew.), eine knappe Autoviertelstunde von Lugano am Fuß des Monte Brè unmittelbar am See gelegen, ist eine *meraviglia* – ein Wunderwerk. Die famose Terrassenlage sowie die hübsche Dorfarchitektur an der Sonnenseite des Sees machen Gandria zum milden Wintergarten für Romantiker. Sie erreichen den Ort über eine zweistündige, einfache und blumengesäumte Uferwanderung ab Lugano, aber auch per Bus oder per Schiff. Einen Abstecher wert ist das pittoreske, etwas skurrile, nur mit dem Schiff erreichbare Zollmuseum auf dem gegenüberliegenden Ufer *(Museo Doganale Svizzero, April–Okt. tgl. 13.30–17.30 Uhr, Cantine di Gandria, in der Saison zahlreiche Schiffsverbindungen von Lugano-Giardino und Gandria).*

## Malcantone [114–115 C–D6]

Wenn Sie einmal genug haben vom sommers oft schwülen, drückenden Klima am See, nehmen Sie eine kleine, erfrischende Auszeit in der Höhe: Der Malcantone, das hügelige Hochland eine knappe halbe Autostunde westlich von Lugano, ist eine grüne Oase, die zu einfachen Wanderungen einlädt – oder ganz einfach dazu, die Seele ein

*Arbeitsplatz eines Nobelpreisträgers: Hesse-Museum in Montagnola*

bisschen baumeln zu lassen. Die vielen kleinen Dörfer mit teilweise stattlichen Palazzi verleihen der abgelegenen Region einen glanzvollen Touch. Vom Dorf Miglieglia aus trägt Sie eine *Seilbahn (April–Sept. tgl. 8.30–17, Juli/Aug. auch 19 bis 21 Uhr, hin und zurück 22 Euro)* auf **Insider Tipp** den Aussichtsberg 🔆 *Monte Lema* (1621 m), von wo Sie das Seengebiet überblicken. In *Arosio,* dem höchsten Dörfchen des Malcantone, lädt das **Insider Tipp** 🔆 *Gasthaus San Michele (tgl., Tel. 09 16 09 19 38, €)* in bodenständig-alternativer Atmosphäre zu schmackhaften Menüs bei fabelhaftem Ausblick.

Auskunft: *Piazza Lago, 6987 Caslano, Tel. 09 16 06 29 86, Fax 09 16 06 52 00*

## Montagnola　　　　[121 D1]

⭐ Für Hermann Hesse war das Tessin, seine Wahlheimat Montagnola insbesondere, ein Ort, wo er zu seiner Schaffenskraft zurück-

fand. Der spätere Nobelpreisträger schrieb in Montagnola, wo er bis zu seinem Tod 1962 lebte, Bestseller wie »Der Steppenwolf« oder »Siddharta«. Spuren aus Hesses 43 Tessiner Jahren finden sich in und um Montagnola (2100 Ew.) 5 km südwestlich von Lugano noch heute – am eindrucksvollsten im kleinen, liebevoll gestalteten Museum in der *Torre Camuzzi* mitten im Dörfchen *(Ra Cürta 2, März–Okt. Di–So 10 bis 12.30 und 14–18.30 Uhr, Nov. bis Feb. Sa/So, Besuche unter der Woche auf Anfrage möglich, Tel. 09 19 93 37 70).* Brille, Tisch und Schreibmaschine stehen bereit, Hesse könnte sich hinsetzen und zu schreiben beginnen. Doch Hesse war auch ein Naturmensch – einer, der durch Wiesen und Wälder streifte, sich gerne bei einem Glas Wein (oder zwei) niederließ und philosophierte. Es gibt einen ausgeschilderten *Hesse-Spazierweg,* auf dem Sie in einer halben Stunde die aus dem 14. Jh. stammende Kirche **Sant'Abbondio in Gentilino** mit ihrer herrlichen Zypressenallee erreichen. Wer länger auf Hesses Spuren wandeln möchte, kann dies tun, indem er die ganze *Collina d'Oro,* diesen privilegierten Hügel bei Lugano, auf dem Montagnola liegt, zu Fuß erkundet, und hinüberwandert auf den Nachbarhügel, wo im Dorf *Carona* das *Grotto par perdü (Mi geschl., Tel. 09 16 49 91 92, €)* wartet, wo sich schon Hesse verköstigte.

## Monte Arbostora [121 D2]

Ausgangspunkt ist das romantisch gelegene Dörfchen Carona (599 m, 700 Ew.) wenige Kilometer südlich auf dem Bergrücken des Monte San Salvatore, von wo man das weitläufige, sanft gewellte Waldgebiet des Arbostorahügels (822 m) in ausgedehnten Spaziergängen wie ehedem Hermann Hesse oder sportlich per Mountainbike (auch für Anfänger geeignet) erkunden kann. Glanzpunkte sind der *botanische Park San Grato* und die prächtige Wallfahrtskirche *Madonna d'Ongero.* Der in einer Waldlichtung etwa zehn Fußminuten von Carona gelegene Sakralbau zählt zu den eindrucksvollsten barocken Kunstdenkmälern im Tessin.

## Morcote [121 D2]

★ Morcote (277 m, 680 Ew.) repräsentiert das Bilderbuchtessin schlechthin, ist millionenfach fotografiert worden – und hat trotzdem nichts von seiner unwerfenden Schönheit verloren. Das lang gestreckte, kleine und dank seiner stolzen Architektur doch stattliche Dorf, 20 Autominuten südlich von Lugano, klebt wunderschön auf Seehöhe am Fuß des

üppig bewaldeten Arbostorahügels an der Spitze der Halbinsel Ceresio. Die Arkaden und die schmalen, kopfsteingepflasterten Gassen verleihen dem Dörfchen mediterranen Charme. Einen exzentrischen Farbtupfer erhält Morcote dank dem *Parco Scherrer (März–Okt. tgl. 10 bis 17, Juli/Aug. 10–18 Uhr, www. promorcote.ch),* einem Unikum an architektonischer und botanischer Exotik: Der Textilkaufmann Arturo Scherrer (1881–1956) sammelte auf seinen Reisen die verrücktesten Kunstgegenstände, die nun in seinem herrschaftlichen, subtropisch überwucherten Park versammelt sind. Wundervoll übernachten können Sie im ☀ *Hotel Bellavista (11 Zi., Strada da Vigh 2, Tel. 09 19 96 11 43, Fax 09 19 96 12 88, €€),* einem stimmungsvollen Haus in privilegierter Aussichtslage in der höher gelegenen Nachbargemeinde Vico Morcote.

## Ponte Tresa [120 C1–2]

Das Grenzdörfchen Ponte Tresa (275 m, 780 Ew.) 20 Autominuten südwestlich von Lugano mag unscheinbar sein – einen Besuch wert ist es trotzdem. Denn Ponte Tresa gibt es gleich in doppelter Ausführung: schweizerisch und italienisch. Die Grenze bildet der Fluss Tresa, der den Luganer See Richtung Lago Maggiore entwässert, die Verbindung zwischen den beiden Dörfern die Brücke – der *ponte* eben – über die Tresa. Im italienischen Teil gibt es jeden *Samstag (8.30–17 Uhr)* einen farbigen *Markt.*

## Porlezza [115 F6]

Nach der holprigen und kurvenreichen Fahrt über die Landesgrenze erreichen Sie nach 15 km Porlezza

(290 m, 4100 Ew.) am nordöstlichen Seeende. Empfehlenswert für diesen Ausflug ist die täglich angebotene Kreuzfahrt ab Lugano *(Lugano ab 14.15 Uhr, Auskunft Tel. 09 19 71 52 23)*, die einen einstündigen »Schnäppchenhalt« im italienischen Porlezza beinhaltet.

**Valcolla** [115 E–F5]
Eine abenteuerliche Fahrt ins verwinkelte, verwirrende Abseits der Valcolla, eine halbe Autostunde nördlich von Lugano. In einem Kurvenreigen sondergleichen dringen Sie ab dem Dorf Cagiallo in den grünen Schoß des Tals ein und schrauben sich schließlich hoch bis nach Bogno am Talende, wo alpine Stimmung aufkommt. Auf dem herrlichen, erhöhten ◁▷ Panoramaweg steuern Sie zurück, die mediterrane Üppigkeit des Luganer-See-Gebiets stets schön im Blick, über Bidogno bis hinunter nach Tesserete. Zuhinterst in *Bogno* gibts ein exzellentes Hotelrestaurant *(Locanda San Lucio, 13 Zi., Tel. 09 19 44 13 03, Fax 09 19 44 16 57, www.sanlucio.ch, €€)*.

# MENDRISIOTTO

[121 D–E 2–4] Mendrisiotto heißt der noch zur Schweiz gehörende Landschaftszipfel, der den südlichen Teil des Luganer Sees umfasst und wie ein Keil in die Lombardei hineinragt. Mendrisio und das Grenzstädchen Chiasso sind die beiden Zentren der Region südlich des Damms von Melide, kaum zehn Autominuten auseinander – und deshalb ist das Mendrisiotto eigentlich nichts anderes als ein einziger Ballungsraum im schweizerischen Grenzgebiet, das hinüberführt nach Como. Ballungsraum mag wenig verlockend klingen – und wer auf der Autobahn Richtung Süden fährt, fühlt sich vorerst darin bestätigt: Zu sehen ist vor allem lieblose Industriearchitektur – ein helvetischer Vorgeschmack auf das Ballungsgebiet von Mailand. So stark wie in der Senke von Chiasso ist die Luft in keiner anderen Gegend der Schweiz verschmutzt – nur der Kaffeeröster Chicco d'Oro sorgt hier mit seinem unverwechselbaren Duft für Entspannung der Geruchsorgane. Doch der Blick von der Autobahn und die Konsultation der Luftschadstoffwerte werden dem Mendrisiotto nicht gerecht. Es schenkt vom Monte Generoso, der zackigsten Bergspitze des Tessins, den großzügigsten Tiefblick, hält in seinem Südwesten um den Ort Stabio die perfekte Miniatur der Toskana bereit und beherbergt am Monte San Giorgio, dem mächtigen Hügel, der wie ein Keil in den Luganer See vordringt, die besterhaltenen Südtessiner Dörfer. Und: So gut schmeckt eine rustikale Polenta oder ein volkstümlicher Merlot nie wie an einem heißen Tag in einem kühlen Grotto des Mendrisiotto.

## ZIELE IM MENDRISIOTTO

**Mendrisio** [121 D3]
Mendrisio (354 m, 6000 Ew.), das wichtigste Städtchen der Region, mag auf den ersten Blick unansehnlich wirken. Doch aufgepasst: Es ist sehr spannend, hier im Umkreis weniger hundert Meter den architektonischen Bemühungen um die Bildung eines Stadtzentrums nachzuspüren. Im Norden der zentralen Piazza del Ponte befindet sich der

*Vom Panoramaberg Monte Generoso haben Sie eine phantastische Aussicht*

mittelalterliche historische Kern, im Süden desselben Plätzchens breitet sich das Viertel aus dem 17. und 18. Jh. aus – der Corso Bello, die fast etwas großspurig wirkende, breite Fußgängerpassage. Und westlich der Piazza del Ponte, an der Via Lavizzari, ragt der modernste Komplex in die Luft: Mario Bottas Kreation Piazzale alla Valle, ein etwas künstlich und kühl wirkender Stadtplatz, umrahmt von Geschäften.

## Monte Generoso     [121 E2]

⚜ Der südlichste Tessiner Panoramaberg (1701 m) verdient das Prädikat großzügig. Schon von unten ist der schroffe Zacken, der stolz in den blauen Himmel ragt, eine Wucht. Und von oben macht der Generoso die wunderbare oberitalienische Seenlandschaft zum Traummodell. An schönen Tagen reicht der Weitblick von den Walliser Hochalpen bis tief nach Italien. Und die *Zahn-*

*radbahn (Fahrplanauskunft Tel. 09 16 48 11 05),* die in 45 Minuten ab Capolago gemütlich auf den Gipfel tuckert, verleiht dem Ausflug stresslose Romantik. Mit etwas Glück orten Sie am Generoso waghalsige Gämsen – und wollen Sie sich den Blick ins nächtliche Himmelszelt nicht entgehen lassen, können Sie auf dem Gipfel übernachten *(Albergo-Ristorante Vetta, 7 Zi., Tel. 09 16 49 77 22, Fax 09 16 49 77 91, €).* Zum Durchblick in die Weiten des Weltraums verhilft das Planetarium. Und wer anschließend Lust auf ein bodenständiges Abenteuer hat, schwingt sich zur schneidigen Talfahrt in den Fahrradsattel (die Generoso-Bahn vermietet abfahrtstaugliche Räder).

## Monte San Giorgio     [121 D3]

**Insider Tipp**

Tessiner Siedlungs- und Grottokultur vom Feinsten: Der Südhang des Monte San Giorgio (1100 m) ist nicht nur ein phantastisches und wenig beschwerliches Wandergebiet, sondern auch eine Oase für Liebhaber schöner, kleiner Dörfer und kühlen Merlots. Die verschachtelte Siedlung Meride, das Künstlerdorf Tremona und das wegen seines roten Marmorsteinbruchs berühmte Arzo lassen sich bequem erwandern, am entspanntesten, wenn Sie die Seilbahn von Brusino-Arsizio oder das Postauto ab Mendrisio hoch nach Serpiano nahe dem San-Giorgio-Gipfel nehmen und dann zu Fuß auf dem ausgeschilderten Naturlehrpfad durch die waldigen Abhänge streifen. Sie müssen dabei allerdings die Grottosaison beachten, die von April bis Oktober dauert. In dieser Zeit liefern Ihnen unter anderen das *Antico Grotto Fossati (Mo geschl., Tel. 09 16 46 56 06, €)* zwischen Arzo und Meride und das *Grotto Grassi* in Tremona *(nur Sa, So und an Feiertagen geöffnet, Tel. 09 16 46 18 68, €)* unvergessliche Augenblicke. Und noch ein Tipp: Am Monte San Giorgio gibt es eine laut Experten weltweit einmalige Fossilienfundstelle. Einen Einblick in diese faszinierende Welt bietet das kleine *Fossilienmuseum* in Meride *(tgl. 8–18 Uhr)*.

### Riva San Vitale [121 D3]
Riva San Vitale (276 m, 2300 Ew.), am Fuß des Monte San Giorgio am Südende des Luganer Sees gelegen, beherbergt eine kulturelle Rarität: den ältesten Sakralbau der Schweiz. Das *Baptisterium San Giovanni* ist um das Jahr 500 entstanden. Das Taufbecken, in einen Findling gehauen, hat imposante Ausmaße – es würde gut eine ausgewachsene Person hineinpassen. *Tgl. 8–18 Uhr, Via Settala*

**ESSEN & TRINKEN**

### Grotto Bundi [121 D–E3]
*Insider Tipp*

Die Via alle Cantine von Mendrisio müssen Sie gesehen haben, wenn Ihnen das Tessin ans Herz gewachsen ist. Hier, im Norden des Städtchens, steht ein liebevoll gehegtes Grotto neben dem anderen. In diesen ehemaligen Vorratskellern tischt man sie Ihnen auf – die wahre Tessiner Polenta, mit epischer Geduld über dem Feuer geköchelt. *Mo geschl., Via alle Cantine, Tel. 09 16 46 70 89, €€*

### Grotto Eremo di San Nicolao [121 E3]
Ein Traum, einfach und genial, hoch über Mendrisio bei Salorino gelegen: Nehmen Sie die schmale Straße, die auf den Monte Generoso führt, bis rund 2 km nach dem Dörfchen Somazzo. Über einem klaffenden Abgrund, beim Kirchlein des Einsiedlers St. Nikolaus aus Bari, lädt dieser Grotto zu Polenta und *brasato* – derweil Sie den Blick übers Mendrisiotto schweifen lassen. *Im Winter Di geschl., Tel. 09 16 46 40 50, €*

### La Meridiana [121 E4]
*Insider Tipp*

Ein multikultureller Farbtupfer im sonst nicht eben anregenden Straßendorf Balerna bei Chiasso. Jeden Tag gibts ein vegetarisches Menü – und gewaltige Pizzen oder schmackhafte Pasta. In diesem alternativen Ambiente stecken auch die Kulturfreaks der Region die Köpfe zusammen. *Mo geschl., Via San Gottardo 102, Tel. 09 16 83 50 29, €*

### Montalbano [121 D4]
Das Nonplusultra der Region: herrlich gelegen in den Weinbergen, die

Vorwegnahme eines toskanischen Landguts, kombiniert mit einem lukullischen Traumtanz. *Mo, Sa-Mittag und So-Abend geschl., Via Montalbano 34 c, San Pietro di Stabio, Tel. 09 16 47 12 06, €€€*

## EINKAUFEN

**Centro Foxtown** [121 D3]
Die außen wie innen sterile »Stadt der Füchse« unmittelbar bei der Autobahnausfahrt von Mendrisio ist zum Magnet für frenetisch shoppende Italiener und Japaner geworden. Im Fabrikladenzentrum wird letztjährige oder minimal schadhafte Ware erstklassiger Markenhersteller stark vergünstigt abgesetzt. 85 Anbieter aus den Bereichen Kleider, Sport, Schmuck, Kosmetik, Haushalt. *Tgl. 11–19 Uhr, 200 m von der Autobahnausfahrt Mendrisio*

## ÜBERNACHTEN

**Milano** [121 D3]
Die beste Adresse im bescheidenen Hotelangebot des Mendrisiotto. Gleich gegenüber dem Bahnhof von Mendrisio, funktionell eingerichtetes Haus ohne Schnickschnack. *25 Zi., Piazzale Stazione, Tel. 09 16 46 57 41, Fax 09 16 46 17 64, €€*

**San Silvestro** [121 D3]
Ein kinderfreundliches Kleinhotel unter aufmerksamer, deutschsprachiger Leitung im Traumdorf *Meride. 7 Zi., Tel. 09 16 46 90 77, kein Fax, €*

## AUSKUNFT

*Via Angelo Maspoli 15, 6850 Mendrisio, Tel. 09 16 46 57 61, Fax 09 16 46 33 48*

# Exvotos

### Die eindringlichen, alltagsnahen Zeugnisse des lokalen religiösen Lebens

Die katholische Kirche ist südlich der Alpen nach wie vor eine Instanz, die den Alltag beeinflusst. Ein eindringliches Zeugnis des lokalen religiösen Lebens sind Votivmalereien, auf denen die Hilfeleistung einer himmlischen Macht zu Gunsten eines Erdenbürgers dargestellt wird. Eine Besonderheit in den südlichen Alpentälern ist es, dass diese Bilder nicht nur in religiösen Zentren, sondern auch in kleineren, unscheinbaren, abgelegenen Kapellen und Pfarrkirchen zu finden sind. Die Madonna, die von einer Wolke herab mit gütigem Blick die Rettungsaktion nach einem Sturz von einer abschüssigen Alpweide beschwört; die Madonna, wie sie vom Himmel aus die Gewalt des über die Ufer getretenen Bergbachs eindämmt; die Madonna, wie sie mit heilender Geste die Bettlägerigen vor Schlimmerem bewahrt: Solchen Sujets können Sie auch zuhinterst in einem Bergtal des oberitalienischen Seengebiets begegnen.

# Geheimnisvolle, großzügige Perle in den Bergen

## Der Comer See lädt zum inspirierenden Wechselbad zwischen mondäner Eleganz und rauer Bescheidenheit

**D**er großartige Gestus des Luganer Sees und die klangvollen Feriendestinationen des Lago Maggiore – das ist nicht seine Welt. Der Comer See, der ausschließlich in Italien liegt, gibt sich zurückhaltend, ruhig und bescheidener. Den Zugang zu ihm findet man vielleicht nicht auf Anhieb. Doch dann, wenn das Eis gebrochen ist, übt er eine unbändige Anziehungskraft aus: Er schenkt reizvolle Blicke, nährt sanfte Träume und erlaubt wilde Ausschweifungen.

Natürlich: Ausladender architektonischer Prunk fehlt auch am 50 km langen, seltsam Y-förmigen Comer See nicht. An manchen Orten steigen die Ufer steil und schroff an wie an einem alpinen Bergsee – und gleichzeitig sprießt im milden, mediterranen Klima die barocke Pracht subtropischer Flora. Diese stupende Kombination von landschaftlichen Gegensätzen ist vor allem an der Westküste des Sees umwerfend schön – und es erstaunt

*Monumental und filigran zugleich: Comos Dom Santa Maria Maggiore*

*Menaggio schiebt sich auf einer Landzunge in den See*

niemanden, dass die Reichen und Edlen sich schon im 18. und 19. Jh. zwischen Como und Gravedona die besten Standorte zur Verwirklichung ihrer ästhetischen Träume gesichert haben: Prachtvolle, teilweise gigantische Villen – etwa die weltberühmte Villa d'Este in Cernobbio oder die Villa Carlotta in Tremezzo – legen einen Hauch gediegener Grandezza über die verwinkelte Uferlandschaft.

Deshalb zu meinen, der Comer See sei ein mondänes Reiseziel, ist indessen verfehlt. Die extravaganten Villen und üppigen Gärten verleihen der Region zweifellos einen exotischen Reiz – doch heute

*Schmale Gassen, steile Treppenwege, einladende Trattorien: Bellagio*

kontrastieren sie mit der gelebten Alltagswelt am Lario, wie der See auf Italienisch heißt. Mit Ausnahme der Städte Como und Lecco an den Südenden der beiden Seezipfel prägen kleine, enge und manchmal geheimnisvollstille Dörfer mit durchwegs herrlichen Seepromenaden die Szenerie. Der Comer See erhielt spätestens seit der Ausdehnung des Römischen Reiches verkehrsstrategische Bedeutung, weil er auf dem Weg ins Veltlin sowie zu den Alpenpässen Splügen und Maloja liegt. Heute aber, da sich Gotthard und Brenner als dominierende Nord-Süd-Achsen etabliert haben, liegt der Comer See – im Vergleich zum Lago Maggiore und vor allem zum Luganer See – ein wenig im Abseits. Wirtschaftlich hat die Region keinen leichten Stand – die Abwanderung aus den Bergdörfern der Region hält an. Geschlossene Fensterläden sind am Comer See häufig anzutreffen.

Aber gerade die Bescheidenheit, selbst wenn sie mitunter mit einem Schuss Melancholie vermengt ist, macht das Gebiet einladend: Am Comer See verzichtet man weitgehend auf den Versuch, den Genuss der landschaftlichen Schönheit durch schreiende touristische Angebote zu raffinieren. Am Lario hat anderes Priorität: eine Fahrt auf dem Schiff über den tiefblauen See, den Blick auf die gewaltigen Kalkwände der Bergeller Gipfel gerichtet, ein Aperitif auf der kleinen Terrasse eines Seerestaurants in der milden Abendsonne, ein Spaziergang in einem der magischen botanischen Gärten, die zum Träumen auffordern.

Selbstverständlich lädt aber auch der Comer See zu handfesteren Erlebnissen ein: Die famosen Winde treiben Surfer und Segler zu wilden Ritten übers Wasser an – und die hoch aufragenden Berge laden zu Wanderungen mit Schwindel erregenden Tiefblicken.

Nicht vergessen sei schließlich: Am Comer See erfand Alessandro Volta die Batterie, am Comer See schrieb Alessandro Manzoni seinen weltberühmten Schmöker »Die Verlobten«. Die Bezeichnung *Il lago delle idee* – »der See der Ideen« – ist nicht zufällig. Auf andere Gedanken kommt am Comer See jeder und jede.

## BELLAGIO

**[122 C1]** ★ Superlative sind hier nicht übertrieben: Die Lage von Bellagio (229 m, 3000 Ew.) an der Spitze der dreieckigen Halbinsel zwischen den beiden südlichen Ästen des Comer Sees ist phänomenal. Wenn Sie ganz vorne auf der äußersten Landzunge stehen, haben Sie praktisch 270 Grad Seesicht – wohl nirgends kommt die Anmut des Lario, der die versöhnliche Milde des Wassers und die unbändige Kraft der Berge verbindet, besser zum Ausdruck. Das öffentliche

Strandbad *Lido di Bellagio* finden Sie gleich am Ortseingang.

Mit seinen schmalen Gässchen und steilen Treppen, den blumenbekränzten Boutiquen und prächtigen Villen hat Bellagio Flair und ist der schmuckvollste Ort am Comer See. Allerdings haftet ihm auch etwas Künstliches, Aufgesetztes an.

### SEHENSWERTES

### Basilica San Giacomo
Die St.-Jakobs-Basilika, erbaut zwischen 1075 und 1125 von den »Maestri Comacini«, den berühmten Comer Baumeistern und Steinmetzen des Mittelalters, ist eines der ersten Beispiele romanischer Baukunst und heute ein nationales Denkmal. Der reich geschmückte Innenraum enthält Mosaikarbeiten und einen prunkvollen Altar aus dem 16. Jh. *Piazza della Chiesa*

### Park der Villa Serbelloni
◣ Der Park der Villa Serbelloni, die heute ein Luxushotel beherbergt,

---

## MARCO POLO Highlights
### »Comer See«

★ **Comos Dom**
Monumentales Bauwerk in der attraktiven und lebendigen Innenstadt (Seite 70)

★ **Bellagio**
Bellagios Lage an der Gabelung des Sees ist schöner, als es je ein Ferienprospekt zu zeigen vermag (Seite 67)

★ **Aperitif in Varenna**
Ein Schluck Weißwein auf der Seepromenade – das Panorama werden Sie nicht vergessen (Seite 79)

★ **Villa Manzoni in Lecco**
Die Stadt, in der Alessandro Manzoni seinen berühmten Liebesroman geschrieben hat, lässt einen nicht kalt (Seite 77)

wird zweimal täglich dem Publikum geöffnet. Zu bestaunen ist nicht nur die terrassierte Gartenanlage mit Azaleen, Glyzinien, Zedern und Pinien, sondern auch eine herrliche Sicht auf beide Seearme. *April–Okt. Di–So 11 und 16 Uhr für je ca. 90 Min.*

## Villa Melzi d'Eril

Die Villa, etwas außerhalb Bellagios gelegen, war die Sommerresidenz des Herzogs von Lodi, Francesco Melzi d'Eril, der im Dienste Napoleons stand. Das herrschaftliche Gebäude wurde Anfang des 19. Jhs. im Empirestil gebaut und ist umgeben von einer prachtvollen Gartenanlage mit exotischen Pflanzen und klassizistischen Statuen. Durch die Platanenalleen entlang des Sees spazierend, kann man sich gut vorstellen, dass sich Franz Liszt hier einst inspirieren ließ. *Ende März bis Okt. tgl. 9–18.30 Uhr*

## ESSEN & TRINKEN

### La Darsena

*Insid Tipp*

Romantischer geht es nicht mehr: Unten am alten Hafen von Loppia, abseits des touristischen Rummels, wartet diese überraschende Entdeckung in aller Ruhe auf Sie. Ein stilvolles Restaurant mit sympathischem Ambiente und raffinierter, lombardisch geprägter Küche. *Di geschl., Via al Porto, Tel./Fax 031 95 20 69, €*

### Silvio

*Insid Tipp*

Es gibt keine Speisekarte, denn serviert wird, was der See gerade offeriert. Zu kosten sind der garantiert frische Fisch und die selbst gemachten Teigwaren, natürlich mit Blick auf den See. Zum Restaurant gehört das gleichnamige familiäre Hotel *(21 Zi.). Tgl., Via Carcano 12, Ortsteil Loppia, Tel. 031 95 03 22, Fax 031 95 09 12, €€*

*Bellagio, die »Perle des Lario«, liegt an der Gabelung des Sees*

## EINKAUFEN

### Bellagio-Glas

Nichts für Elefanten: Im Glashaus finden Sie Spiegel, Vasen, dekorierte Teller oder Christbaumschmuck, angefertigt nach traditioneller Art der Glasbläserei. Ein Geschenk, von dem es kein Duplikat gibt. *Via Garibaldi 41–60*

### Luigi Tacchi

Spielsachen, Skulpturen, Serviettabletts: Nichts, was aus Olivenholz angefertigt werden kann, fehlt in diesem Laden. *Via Garibaldi 22*

## ÜBERNACHTEN

### Hotel Giardinetto

Schlicht und ohne viel Komfort, dafür zentral gelegen. *13 Zi., Via Roncati 12, Tel. 031 95 61 6€, kein Fax, prombell@tin.it, € – €€*

### Grand Hotel Villa Serbelloni

Inmitten einer herrlichen Parkanlage, mit phänomenaler Sicht auf den See, feiner Küche, Fitnesszentrum, Pool. *83 Zi., Via Roma 1, Tel. 031 95 02 16, Fax 031 95 15 29, inforequest@villaserbelloni.it, €€€*

## AUSKUNFT

*Piazza Mazzini, 22021 Bellagio, Tel./Fax 031 95 02 04, prombell @tin.it*

# COMO

 **Karte in der hinteren Umschlagklappe**

**[121 F4–5]** Como (201 m, 84 000 Ew.) macht es einem nicht ganz leicht: Diese Stadt fasst man nicht

in einem Anlauf – aber wer sich auf sie einlässt, sich ein paar Annäherungsversuche Zeit nimmt, der wird dafür reich belohnt. Comos Aura, Comos Düfte, Comos Lacher – die Stadt vermittelt ein frisches, urbanes Lebensgefühl, dessen Eigenständigkeit nicht im atemlosen Stakkato einer Metropole untergeht. Die Brüche, die Ungereimtheiten – Como mag sie gar nicht erst verstecken. Sie gehören zum Leben und nicht übertüncht.

Wer sich Como vom schweizerischen Grenzort Chiasso her kommend mit dem Auto nähert, glaubt es angesichts der sich weithin ausbreitenden, vierschrötigen Bauten mit einer nüchternen, gesichtslosen Großstadt zu tun zu bekommen. Trifft man dagegen mit dem Zug oder gar mit dem Schiff ein und geht an der imperialen Piazza Cavour an Land, entsteht ein ganz anderer Eindruck: der einer Stadt in formidabler Seelage mit einem imposanten kulturellen Gestus.

Innerhalb seiner mittelalterlichen Mauern bietet Como ein charmantes, ruhiges, autofreies Stadtzentrum mit engen, aber nicht beengenden Gassen, mit einer Geschäfts-, Boutiquen- und Spezialitätenladendichte, die einem postmodernen Einkaufszentrum gleicht. Und es gibt zwei Seebäder, die sich praktisch gegenüberliegen, *Lido Villa Geno (Viale Geno 13)* und *Lido Villa Olmo (Via per Cernobbio)*.

Comos Facetten spiegeln sich auch in seiner Geschichte. Besiedelt war Como schon unter den Kelten, später, während der Kriege gegen Mailand (im Mittelalter) und die Österreicher (19. Jh.) musste Como schwere Niederlagen einstecken. Glanz verliehen der Stadt die Sei-

*Gartencafé an der Uferpromenade: Comos Lage direkt am See ist großartig*

denindustrie, die ins Mittelalter zurückgeht, und die Maestri Comacini, mittelalterliche Baumeister und Bildhauer aus der Gegend von Como, die ihre Werke in ganz Europa hinterließen.

## SEHENSWERTES

### Brunate

◆ Einst ein kleiner Weiler oberhalb Comos, bis 1894 die Standseilbahn gebaut wurde. Seither hat sich Brunate zum Wohnort für privilegierte Villenbesitzer gewandelt. Vom »Balkon der Alpen« genießen Sie eine herrliche Aussicht auf das untere Seebecken und die gleißende Bergwelt, an der dank dem kürzlich renovierten *funicolare* auch Touristen und weniger bemittelte Einheimische teilhaben können.

### Sant'Abbondio

Die Basilika liegt nicht wie der Dom mitten im Zentrum, sondern etwas versteckt in der Nähe der Bahngeleise, gehört aber zusammen mit dem Dom zu den bedeutendsten Sakralbauten von Como. Die Basilika ist ursprünglich ein romanisches Bauwerk und enthält in ihrer Apsis einen wertvollen Freskenzyklus. *Via Regina Teodolinda/Via Sant'Abbondio*

### Santa Maria Maggiore (Dom)

★ Am besten setzen Sie sich in eines der Straßencafés auf der Piazza Duomo und betrachten bei einem Espresso das Ensemble von außen: Man ist geneigt, den Dom zusammen mit dem ehemaligen Gemeindehaus Broletto und dem Stadtturm Torre Comunale als Gesamtwerk zu bestaunen, denn die aneinander gereihten Bauwerke wirken wie ein einziges, obwohl sie's nicht sind. Der Dom gilt als einer der letzten großen Würfe der Spätgotik, die Renaissance ist im Grundriss und in den Dekorationen der Fassade bereits erkennbar. Im Innern enthält der Sakralbau 500 Jahre alte Wandteppiche sowie Gemälde von Bernardino Luini. *Piazza Duomo*

## Villa Olmo

Die Villa aus dem späten 18. Jh. ist ein Meisterwerk des Neoklassizismus, ihre *Parkanlage (tgl. 8–23, im Winter 9–19 Uhr)* ein Beispiel italienischer Gartenkunst. Heute ist die »Villa Ulme« samt Spiegelsaal und Theater das Kongresszentrum der Stadt Como, wo außerdem wechselnde Ausstellungen stattfinden. *Tgl. außer an Feiertagen 9–12 und 15–18 Uhr, Via Cantoni 1*

## Volta-Rundgang

Como ist stolz auf seinen bekanntesten Kopf: den weltberühmten Physiker Alessandro Volta (1745 bis 1827). Er hat am Ufer des Lario gelebt und doziert – und er hat Spuren hinterlassen, auf denen man heute noch wandeln kann. Wer sich auf den Volta-Rundgang macht, kriegt von Comos Charme einiges mit. Geboren wurde Volta an der nach ihm benannten Straße im Haus Nummer 62, das jedoch im 19. Jh. umgebaut wurde. Die Taufe fand in der *Chiesa di San Donnino* statt, die an der Piazza Volta steht. Heute erinnert eine Statue an den Elektrizitätsforscher. Aufgewachsen ist der spätere Erfinder der Batterie und Entdecker des Methangases an der Via Volta 5 in Brunate. Seine Experimente führte er in der *Torre Gattoni (Ecke Viale Castaneo/Viale Varese)* durch, wo er sich sein erstes Labor eingerichtet hatte. Welche Instrumente er dazu brauchte, die erste Batterie sowie persönliche Relikte sind im neoklassizistischen *Tempio Voltiano (Di–So 10–12 und*

*15–18, Okt.–März 14–16 Uhr, Viale Marconi)* dokumentiert.

### MUSEEN

## Museo Archeologico Paolo Giovio

Das archäologische Museum der Stadt zeigt die Geschichte des Comer-See-Gebietes auf. Dass Comos Ursprung sehr alt sein muss, bezeugen Fundstücke aus dem 5. Jh. v. Chr., die unter anderem in der beim Vorort Grandate gelegenen Nekropole Ca'Morta gefunden wurden. *Di–Sa 9.30–12.30 und 14–17, So 10–13 Uhr, Piazza Medaglie d'Oro 1*

## Museo Didattico della Seta

Die Seidenherstellung war (und ist) für Como so bedeutend, dass ein Museum dazu nicht fehlen darf. Dokumentiert wird der gesamte Ablauf der Seidenfabrikation: von der Zucht der Raupe bis hin zum Färben und Pressen des Edelstoffes. *Di–Sa 9–12 und 15–18 Uhr, Via Valleggio 3*

### ESSEN & TRINKEN

## L'Antica Trattoria

So unprätentiös gibt sich, wer darauf vertraut, dass Qualität für sich spricht: rustikale Tafelfreuden im stimmungsvoll gewölbten Esssaal. *So geschl., Via Cadorna 26, Tel. 031 24 27 77, €€*

## Caffè & Caffè

**Inside Tipp**

🏃 Die üppig geschminkte Hausfrau bestellt ihre bevorzugte Kaffeemischung, ein Student stürzt hastig seinen *liscio* hinunter, von der Bar kommt jedes Mal ein entspanntes »Ciao«. Eine Momentaufnahme aus dem Leben von Como, auf wenigen Quadratmetern, verfeinert mit exzellenten Kaffees, Tees und Fruchtsäften. *So geschl., Via Bernardino Luini 27*

### La Corte

🏃 Ein Stück unverfälschte Unbeschwertheit: Snackbar mitten im Zentrum, wo in lockerer Atmosphäre mittags liebevoll hergerichtete kleine Mahlzeiten oder leckere *panini* aufgetischt werden. *Ab 20 Uhr sowie So geschl., Via Rusconi 18, Tel. 031 26 18 00, €*

### Il Solito Posto

So, wie's 1888 war, ist es noch heute. Nur die Küche hat sich verändert und den heutigen Gepflogenheiten angepasst. Eine sympathische Trattoria, die saisongerechte Menüs auf dem Speiseplan hat – und die man am liebsten nicht nur einmal aufsucht. Ausgezeichnete Pastagerichte, doch auch die Kartoffelgnocchi mit Rucola und geräucherter Forelle sind köstlich. *Mo*

*geschl., Via Lambertenghi 9, Tel. 031 27 13 52, €€*

Der Ruf, ein Einkaufsparadies zu sein, eilt Como voraus: Der Blick auf die Autoschilder in Comos Straßen an einem beliebigen Samstag zeigt, dass sich vor allem Tessiner in Como eindecken. In der Tat strotzt Comos Innenstadt vor verlockenden Schaufenstern namentlich im Bekleidungssektor – doch wer sich in edles Tuch oder Schuhwerk hüllen will, muss die dicke Brieftasche mitnehmen.

### L'Artigiano

08/15-Schuhe sind nicht sein Ding – es muss schon etwas Spezielles sein. *Mo-Vormittag geschl., Via Milano 155*

### G. Binda

Krawatten und Halstücher aus Seide, Taschen und Kleinwaren aus Leder: ein exklusiver Produzent in

## Inter–Milan

**Das Mailänder Stadtderby erhitzt die Gemüter in halb Oberitalien**

Man(n) ist *interista* oder *milanista*, noch bevor man Tessiner oder Lombarde, arm oder reich, jung oder alt ist: Das Duell der Fußballhalbgötter in der Mailänder Arena San Siro erhitzt die Gemüter bis hoch an den Comer See, bis zum Gotthard. Blauschwarze Fahnen für Inter, rot-schwarze *bandiere* für Milan wehen auf vielen Balkons der Region. Der AC Milan des Medienmoguls und Politikers Silvio Berlusconi – oder das Inter Mailand des Ölmilliardärs Massimo Moratti? Das Duell bewegt sich auf Schwindel erregender Höhe. Die kleineren Clubs sind finanziell überfordert, und das Fernsehen will nicht noch mehr für die Übertragungsrechte zahlen, um den Wahnsinn zu finanzieren.

der Seidenmetropole Como, der auf klassische Eleganz setzt und seinen Laden nicht im viel besuchten Zentrum, sondern wenige Schritte außerhalb der Stadtmauern hat. *Mo geschl., Via Cadorna 22*

### Sicorello

Italian Style pur: Hier finden Sie ultimative Anzüge für den eleganten Mann. *Mo-Vormittag geschl., Via Cantù 58*

## ÜBERNACHTEN

### Firenze

Ein angenehmes Hotel, das zentral und dennoch ruhig an der hübschen Piazza Volta gelegen ist. *40 Zi., Piazza Volta 16, Tel. 031 30 03 33, Fax 031 30 01 01, www.albergofirenze.it, €€€*

### Palace Hotel

Dem luxuriös renovierten Hotel, ausgestattet mit venezianischem Stuck und Marmor, ist ein Logenplatz beschieden: mitten im *centro*, direkt am See. Was will man mehr? *99 Zi., Lungolario Trieste 16, Tel. 031 30 33 03, Fax 031 30 31 70, www.palacehotel.it, €€€*

### Tre Re

Wer ruhig schlafen und den Anmarsch zum Innenstadtbummel minimieren will: schönes *albergo* im Herzen von Comos autofreier Innenstadt. *41 Zi., Piazza Boldoni 20, Tel. 031 26 53 74, Fax 031 24 13 49, www.hoteltrere.com, €€*

## AM ABEND

### Le Officine

🏃 Eine Fun-Factory nach Comasker Rezept: schillernder, junger Treffpunkt für durchhaltewillige Nachteulen. *So–Mi geschl., Via Piadeni 22/24*

### O'Sullivan's Irish Pub

🏃 Auch die Comasken haben Lust auf Exotisches: Im Irish Pub *all'italiana* treffen sich die Einheimischen zu Bier und Schwatz. *Mi geschl., Piazza Matteoti 1*

## AUSKUNFT

*Für die Provinz Como: Piazza Cavour 17, 22100 Como, Tel. 03 13 30 01 11, Fax 031 26 11 52; für die Stadt Como: Piazza Cavour 16, Tel. 031 26 97 12, Fax 031 24 01 11, www.lakecomo.com*

## ZIELE IN DER UMGEBUNG

### Brianza     [122 A–C5]

Wenn Sie die oberitalienische Dreiseenregion in all ihren Facetten sehen möchten, dürfen Sie die Brianza, das hügelige Vorland südlich des Comer Sees, keinesfalls auslassen. Nicht, dass diese Region an das landschaftliche Spektakel der Comer-See-Küste anknüpfen könnte. Aber wenn Sie eine Gegend sehen möchten, die für sich spricht, dann fahren Sie los, Richtung Erba/Bergamo – und Sie werden sofort merken, was diese Landschaft Ihnen mitteilt: Hier ist eine der dynamischsten Wirtschaftsregionen Europas, hier wird gepowert, produziert, Reichtum geschaffen – und konsumiert.

Schon fast Denkmalcharakter haben die postmodernen Einkaufslandschaften, etwa das *Centro I Laghi* von *Erba (Mo 14–20.30, Di–Sa 9–20.30, So 10–19 Uhr)*. Scheuen Sie sich nicht, für ein paar

*Die mondäne Villa d'Este in Cernobbio ist nur für Hotelgäste zugänglich*

Stunden norditalienische Shopping-kultur zu erleben.

## Cernobbio      [121 E–F4]

Bekannt ist der 5 km von Como entfernte Ferienort (201 m, 7000 Ew.) vor allem dank der Villa d'Este, einer der nobelsten Herbergen der Welt: Die Villa stammt aus dem 16. Jh. Im 19. Jh. wurde sie in ein Lu-xushotel *(156 Zi., Via Regina 46, Tel. 031 34 81, Fax 031 34 88 44, www.villadeste.it)* umgewandelt und ist seither leider nur noch für Gäste zugänglich. Wie erlaucht die-se sein müssen, zeigt ein Blick auf die Preisliste: Eine Übernachtung in einer Suite kostet stolze 1250 Euro. Zum Trost bietet Cernobbio eine hübsche Altstadt und am Mitt-wochvormittag einen stimmungs-vollen *Wochenmarkt.*

## Strada Regina      [121 F2–4]

Die alte Straße am Westufer des Sees, benannt nach der langobardi-schen Königin Teodolinda, verband bereits zur Römerzeit Como mit den Alpenpässen. Heute bietet Ih-nen eine Fahrt auf der historischen Straße einen königlichen Einblick in die aktuelle Realität des Comer Sees. Das phantastische Panorama wird Ihnen zweifellos den Atem rauben – nehmen Sie sich deshalb Zeit für die Fahrt.

Wer möchte nicht einmal, und sei es nur für eine Nacht, in einer Villa mit Seeblick residieren? Das kleine *Albergo Ristorante Fioroni* in *Carate Urio (7 Zi., Tel. 031 40 01 49, Fax 031 40 00 37, www.confcommercio.como.it/fioro ni.htm, €)* eignet sich vorzüglich dazu.

Vom Dorf *Argegno* aus gibt es einen einfachen Wanderweg zu der aus dem 17. Jh. stammenden Wall-fahrtskirche Sant'Anna. Ebenfalls von Argegno mit seiner romani-schen Brücke führt eine Seilbahn nach *Pigra* (870 m), von wo die Aussicht auf den See schlicht ergreifend ist.

## Varese [120 C4]

Man mag die Stadt Varese (382 m, 94 000 Ew.) als graue Maus bezeichnen, da ihr Glanz und Grandezza der Seepromenaden, wie es sie in Como oder Lugano gibt, fehlen. Und in der Tat ist Varese, Hauptstadt der gleichnamigen italienischen Provinz, vielleicht nicht der Ort, der einem als Feriendomizil vorschwebt. Doch die Stadt quasi im Zentrum der drei Oberitalienischen Seen hat eine eigene Faszination, die man sich bei einem eintägigen Ausflug durchaus erschließen kann. Wer sich der knapp 30 km westlich von Como gelegenen Stadt von den Seen aus nähert, wird gewahr, dass man sich im Übergangsgebiet zwischen der gepflegten, aber mitunter statischen Urlaubswelt der Seen und dem dynamischen Wirtschaftsraum Norditalien bewegt. Diesen Geist atmet Varese – es putzt sich nicht speziell heraus, doch es lebt, manchmal etwas chaotisch, aber gut und intensiv.

Schon vor 100 Jahren verstand sich Varese als Stätte des Aufbruchs, des Fortschrittsglaubens: Das gewaltige, mit einer Drahtseilbahn erschlossene Grand Hotel des Jugendstilarchitekten Giuseppe Sommaruga auf dem Bergrücken Campo dei Fiori nordwestlich der Stadt ist deshalb ein stimmiges Sinnbild für Varese.

Kultureller Höhepunkt in der von sieben Hügeln und einer hübschen Seenlandschaft umgebenen Stadt ist der ⚡ Sacro Monte, der heilige Berg im Norden der Stadt, gut 20 Autominuten vom Stadtzentrum entfernt. Der mit prunkvoller Sakralarchitektur (Kirche Santa Maria del Monte) und schöner Aussicht ausgestattete Wallfahrtsberg war (und ist) ein Zentrum der Marienverehrung und thematisiert die Bedeutung des Rosenkranzes.

Zum Lebensgefühl von Varese gehört auch die gute Küche. Feinschmecker halten sich ans *Ristorante Gestore (Mo geschl., Viale Aguggiari 48, Tel. 03 32 23 64 04, €€€)*, wer es etwas bescheidener angeht, kehrt im *Ristorante Da Vittorio (Mo geschl., Piazza Beccaria, Tel. 03 32 23 43 12, €€)* ein. Ein Hoteltipp: *Acquario (42 Zi., Via Giusti 7, Tel. 03 32 81 16 00, Fax 03 32 81 17 80, €€)*. Auskunft: *Via Carrobbio 2, Tel. 03 32 28 36 04, Fax 03 32 23 80 93*

## LECCO

**Karte in der hinteren Umschlagklappe**

[123 D4] Liebe auf den ersten Blick? Nein, das ist nicht das Ding von Lecco (214 m, 45 000 Ew.), der zweitgrößten Stadt des Comer Sees am unteren Ende des östlichen Seeastes. Zu stark und zu lange schon ist die Stadt von der Industrie geprägt, von den großen Spinnereien und Webereien, die heute teilweise stillstehen und umgebaut wurden. Die Eisenverarbeitung, die in Lecco bis auf das 13. Jh. zurückgeht, hat auf den Mauern ihre dunklen Spuren hinterlassen.

Die herrliche Lage zwischen den imposanten Felswänden des Resegone und der besänftigenden Anmut des Lago di Lecco (wie dieser südöstliche Seearm heißt) wird einem erst bewusst, wenn man sich ins Herz der Stadt vorgearbeitet

*Die schöne Bucht von Lecco zeichnete einst schon Leonardo da Vinci*

hat, sich in Ruhe umsieht und auf sie einlässt. Und da, im kleinen, überschaubaren, lebensfreudigen Stadtzentrum, in einer der sympathischen Bars, da kann es auf einmal ganz schnell passieren, dass aus der kühlen ersten Begegnung eine Liebe auf den zweiten Blick wird.

Lecco ist, wie es ist – ein bisschen rau, nicht immer pflegeleicht, aber echt und deshalb inspirierend. So gesehen ist es kein Zufall, dass ausgerechnet ein Romantiker in seiner nüchternen Stadt Kraft und Imagination fand, seinen größten Wurf zu landen: Der italienische Schriftsteller Alessandro Manzoni schrieb hier im 19. Jh. seinen Roman »I Promessi Sposi« (»Die Verlobten«) und schuf damit ein Œuvre der Weltliteratur.

## SEHENSWERTES

### Manzoni-Rundgang

Wo hat Lucia gewohnt, in welcher Kirche wurden Lucia und Renzo schließlich doch noch getraut? Der »Manzoni-Weg« steuert einige Schauplätze an, die im Werk »Die Verlobten« zitiert werden. Holen Sie sich im Fremdenverkehrsamt den Stadtplan »Itinerario dei Luoghi Manzoniani«, und begeben Sie sich auf eine Reise ins Lecco vergangener Jahrhunderte.

### Piani d'Erna

Mit der Seilbahn *(Sommer tgl. 7.10–12 und 13–19, Winter 8.10 bis 12 und 13.30–17.30 Uhr, Via Prealpi 34)* in fünf Minuten hoch auf den »Balkon über der Stadt«: Ein Ausflug auf die Piani d'Erna (1329 m) lohnt sich nicht nur wegen der großartigen Aussicht, sondern auch wegen des informativen Naturlehrpfades, für den Sie jedoch 2 ½ Stunden Fußmarsch einrechnen müssen.

### Ponte Azzone Visconti (Ponte Vecchio)

Dieser Brücke verdankte Lecco im 14. Jh. seinen Aufschwung: Über sie war die Stadt mit dem Herzogtum Mailand verbunden und konnte sich zu einem Handelszentrum entwickeln. Heute ist die mittlere der drei Brücken, die immer noch den Namen ihres Erbauers trägt, Leccos berühmtestes Bauwerk.

## Torre Viscontea

Der zinnenbewehrte Turm des ehemaligen Visconti-Schlosses war zwischenzeitlich ein Gefängnis und beherbergt heute Wechselausstellungen. *Piazza XX Settembre*

## MUSEUM

### Villa Manzoni

★ Alessandro Manzoni (1785 bis 1873), der bedeutendste italienische Romantiker, gilt als Begründer der modernen italienischen Prosa. Sein weltweit berühmter Roman »I Promessi Sposi« ist die dramatische Geschichte des lombardischen Bauernpaares Renzo und Lucia, eingebettet in die Schilderung der spanischen Fremdherrschaft im 17. Jh. Das Werk ist aber auch eine eindrucksvolle Darstellung der Pest, die damals grassierte. Manzoni verbrachte seine Kindheit in der Villa al Caleotto. Das Haus ist heute im Besitz der Stadt Lecco und enthält neben einer Kunstgalerie und einer Bibliothek das Museo Manzoniano mit Manuskripten, Erstausgaben sowie Originalmöbeln des Schriftstellers. *Di–So 9.30–17.30 Uhr, Via Guanella 1*

## ESSEN & TRINKEN

### Al Porticciolo

Ob Zwiebelsuppe mit Krebsen, Tintenfischrisotto oder Steinbutt mit Fenchelsauce und Steinpilzen: Der kulinarischen Phantasie sind in diesem feinen Fischrestaurant keine Grenzen gesetzt. *Mo/Di sowie Mi bis Sa mittags geschl., Via Valsecchi 5/7, Tel. 03 41 49 81 03, €€€*

### Vecchia Pescarenico

Das Ehepaar Antonietta und Giancarlo Colombo heißt Sie bei feinem Schmorbraten (aber nur auf Vorbestellung) oder bei Ravioli aus Kartoffelteig willkommen. Im alten Stadtteil Pescarenico im Süden der Stadt. *Mo geschl., Via Pescatori 8, Tel. 03 41 36 83 30, €€*

## EINKAUFEN

### Wochenmarkt

Schon seit 1149 findet auf der *Piazza XX Settembre* im Zentrum ein Markt statt, dessen Tradition bis heute fortgeführt wird. *Mi und Sa den ganzen Tag*

## ÜBERNACHTEN

### Hotel Caviate

Das billigste Hotel der Stadt liegt an der befahrenen Seestraße Richtung Norden. *7 Zi., Lungolario Piave 17, Tel. 03 41 36 75 83, Fax 03 41 36 32 13, €*

### Hotel Don Abbondio

Sicher das romantischste Hotel der Stadt, direkt am Fluss Adda im Stadtteil Pescarenico gelegen – dort, wo die letzten Fischer ihre Fänge aus dem Gewässer ziehen. *18 Zi., Piazza Era 10, Tel. 03 41 36 63 15, Fax 03 41 36 25 63, €€*

## AM ABEND

### Il Caffè

🏃 Bunte Sessel und moderne Gemälde an der Wand: Die Kneipe gibt

*Mittwochs und samstags lockt Leccos Markt – und zwar seit gut 850 Jahren*

sich den Touch eines Künstlertreffs – tagsüber ist sie eine gemütliche Teestube für *caffè* und Gebäck, abends eine Bar, wo's ehe Sie sichs versehen sehr spät werden kann. *Piazza Cermenati 19*

### Commercio

🏃 In dieser Bar trifft sich die Jugend Leccos. Und sollte es drinnen vor lauter Volk zu eng werden, weicht man mit seinem Drink auf die Piazza aus – und quasselt munter weiter. *Tgl., Piazza XX Settembre*

### AUSKUNFT

*Via Nazario Sauro 6, 23900 Lecco, Tel. 03 41 36 23 60, Fax 03 41 28 62 31, www.aptlecco.com*

### ZIELE IN DER UMGEBUNG

#### Abbadia Lariana [122 C3]

Abbadia Lariana (205 m, 3000 Ew.) knapp 10 km nördlich von Lecco, benannt nach einer Abtei, ist ein hübscher Ort abseits der Schnellstraße und bietet ein Museum der Seidenfabrikation *(Museo del Setificio, So 10–12 und 15–18 Uhr und auf Anfrage, Tel. 03 41 73 12 41, www.museoabbadia.it)*.

#### Bellano [116 C6]

Die engen, dunklen Gassen, die im hinteren Teil steil ansteigen, verleihen dem gut 25 km nördlich gelegenen Bellano (204 m, 3200 Ew.) ein Ambiente, das zwischen anziehend und beklemmend schwankt. In der sehenswerten, spektakulären Schlucht des Flusses Pioverna hingegen wird die Gefühlslage wieder eindeutiger: staunende Begeisterung. *Juni–Sept. tgl. 10–22.30 Uhr, Okt.–Mai Di–Sa 10–13 und 15–18, So 10–18 Uhr*

#### Colico [117 D5]

Colico (218 m, 6200 Ew.), nördlichster Ort am Ostufer des Lario und rund 40 km von Lecco entfernt, verdankt seine Attraktivität einem natürlichen Partner: dem Wind. Das Dorf ist ein beliebtes Surf- und Segelziel. Material und Informationen hält die *Scuola di Windsurf (Spiaggia Campo Sportivo, Tel. 03 41 94 05 21)* bereit. Direkt am See übernachten können Sie im *Hotel Risi (36 Zi., Lungolario Polti 1, Tel. 03 41 94 01 23, Fax 03 41 93 00 90, €€)*. 5 km südlich von Colico, an der Bucht Laghetto di Piona, steht die *Abtei von Piona (tgl. 9–12 und 14–18 Uhr)*. Das Zisterzienserkloster mit der Kirche San Nicolò ist einen Besuch wert, schon wegen seiner Lage am See, aber auch wegen der wertvollen Fresken.

## Mandello del Lario     [122 C3]

Mandello del Lario (214 m, 10 000 Ew.), neben dem 10 km südlich gelegenen Lecco der größte Ort am Ostufer, ist die Heimat einer Ikone der italienischen Motorradwelt: der Moto-Guzzi-Werkstätten. Wer Moto Guzzi fährt, hat nicht einfach ein Motorrad gekauft, sondern ein Bekenntnis abgelegt: wider die lärmige Zeitgeistraserei, für den Genuss auf zwei Rädern. Wer schon mal auf einer Moto Guzzi gesessen hat, für den ist der Museumsbesuch Pflicht: *Museo del Motociclo Motoguzzi (geführte Besichtigungen Mo–Fr 15–16 Uhr, Via Parodi 57)*. Eine vorzügliche Adresse mit Terrasse auf den See ist das *Ricciolo (Di–Fr mittags, So Abend und Mo geschl., Via Provinciale 165, Tel. 03 41 73 25 46, €€)* im Ortsteil Olcio, wo die Wirtin Giuseppina Fasoli ausgezeichneten Seefisch serviert.

## Valsassina/Grigne     [123 D–E 1–3]

Wer in Lecco Station macht, dem werden die Berge keine Ruhe lassen. Gewaltig und für das oberitalienische Seengebiet unüblich nackt und schroff schießen die zackigen Spitzen des Grignemassivs hier hoch aus dem See in die Höhe. Magisch ziehen diese Kalkwände den Blick an – man möchte ihnen näher kommen, sie berühren, erfahren.

Lecco ist für dieses Abenteuer die ideale Ausgangsposition: Das Tal Valsassina, das die Grigne von den Bergamasker Alpen trennt, führt von hinten in ihr Herz. Staunend nimmt man zur Kenntnis, dass auf der kurzen, nicht einmal 20 km langen Fahrt ins Bergtal mühsam keuchende Sattelschlepper zur Begleitung gehören. Doch im Dörfchen Ballabio ist dies zu Ende: Sie zweigen ab, schrauben sich in einer viertelstündigen Fahrt auf über 1200 m Höhe und landen auf der *Resinelli-Hochebene*. Vom hiesigen Alpinzentrum aus erschließen Wander- und Kletterwege die Grigne.

Wer nur eine Nase Bergluft nehmen will, fährt wieder zurück und schnuppert noch ein bisschen in der Valsassina weiter und wird gewahr, dass hier im Winter auch Ski gefahren wird. Gut an der kühlen Bergluft übernachten Sie im Hotel *Al Clubino (20 Zi., Via Ingegnere Combi 15, Tel. 03 41 99 61 45, Fax 03 41 91 01 97, €)* im Dörfchen *Cremeno*.

**Insider Tipp**

## Varenna     [122 C1]

★ Varenna (220 m, 850 Ew.), gut 20 km nördlich von Lecco, ist das romantische Schmuckstück des Comer Sees. Wunderschön bettet sich das Dorf auf ein Felsenriff; wer vom Dorfkern zum See will, muss zuerst einige steile Treppenstufen hinuntersteigen (und wieder zurück!). Das

*Auf einem Felsriff thront das malerische Varenna über dem See*

Ufer ist teilweise nur auf einem schmalen Steg begehbar. Zu besichtigen gibt es hier den kürzesten Fluss Italiens: Der *Fiumelatte* kann auf seinen 250 m von der Quelle bis zur Mündung in den See begleitet werden.

Etwas außerhalb, in Perledo, liegt die  *Burg von Vezio (April/Mai Sa/So 10–18, Juni–Sept. tgl. 10 bis 20 Uhr),* deren Turm aus dem 14. Jh. stammt und nach einer gründlichen Restaurierung für das Publikum geöffnet wurde. Die Aussicht ist phänomenal.

Direkt am See liegt die *Villa Monastero,* ein ehemaliges Zisterzienserkloster, das heute ein Kongresszentrum ist und dessen Gärten besucht werden können *(April–Okt. tgl. 9–15 Uhr, Piazza Venini 1).* Gleich nebenan steht die *Villa Cipressi (Mitte März–Okt. tgl. 9–18 Uhr),* ebenfalls ein Kongresszentrum mit prachtvollem Garten.

Für Spezialitäten aus der Region, zum Beispiel einen Seerisotto, empfiehlt sich das direkt am See gelegene *Ristorante Vecchia Varenna (Mo geschl., Via Scoscesa 10, Tel. 03 41 83 07 93, €€).*

## MENAGGIO

**[122 B1]** Nicht, dass Menaggios (203 m, 3200 Ew.) Fassade gerade einladend wäre: Regelmäßige Comer-See-Fahrer kennen das Dorf als Verkehrsknotenpunkt, weil hier die Straßen Richtung Lugano (nur 15 km entfernt) und Richtung Como zusammentreffen und die Autofähre Richtung Bellagio/Varenna abfährt. Die logische Konsequenz: Man schleicht meist im Schritttempo durch Menaggio und kommt gar nicht auf die Idee, anzuhalten und auszusteigen.

Doch das ist ein Fehler: Menaggio verfügt über einige Attraktionen. Der historische Kern liegt pittoresk auf einer kleinen Halbinsel und wartet mit einer blumengeschmückten Promenade auf. Sehenswert ist zudem der schiefe Kirchturm aus dem 12. Jh. von Santi Bartolomeo e Michele im Stadtteil Nobiallo.

### Historischer Rundgang

Der Verkehrsverein hat einen 90-minütigen Rundgang durch die historische Innenstadt erarbeitet, auf dem die Zeugen verschiedener Epochen zu bestaunen sind, etwa die barocke Kirche romanischen Ursprungs *Santo Stefano* oder die Überreste der mittelalterlichen *Burg*.

### Antica Locanda

In *Bene Lario* auf halbem Weg zwischen Menaggio und Porlezza liegt diese familiäre Trattoria, die ihre Menüs je nach Jahreszeit zusammenstellt. Im Herbst werden ausgezeichnete Wildgerichte serviert. *Tgl., Via Superiore 23, Tel. 034 43 23 93,* €

### La Baita

Hier erinnern Schmorbraten und Polenta daran, dass hinter dem See und seinen Palmen die unwirtlicheren Täler liegen. Das Restaurant liegt etwas außerhalb im *Ortsteil Paullo* in der Nähe des Golfplatzes. *Di geschl., Via Wyatt 35, Paullo, Tel. 034 43 21 95,* €€

### Hotel Il Vapore

*Insider Tipp*

In diesem Hotel stimmen Preis und Leistung zweifellos überein. Mitten im historischen Kern mit Blick auf den See liegt das kürzlich renovierte, mit jeglichem Standardkomfort ausgestattete kleine Familienhotel.

*Auch in Menaggio lockt eine Uferpromenade zum Flanieren*

*10 Zi., Piazza T. Grossi 3, Tel. 034 43 22 29, Fax 034 43 48 50, il. vapore@email.it, €*

## Grand Hotel Victoria

Ein Hotel im Stil der Belle Époque, in dem man sich ohne weiteres um 100 Jahre zurückversetzt wähnt. Der Komfort ist jedoch mit der Zeit gegangen, und selbstverständlich liegt das Victoria direkt am See. *53 Zi., Lungolago Castelli 7, Tel. 034 43 20 03, Fax 034 43 29 92, €€€*

### AUSKUNFT

*Piazza Garibaldi 8, 22017 Menaggio, Tel./Fax 034 43 29 24*

### ZIELE IN DER UMGEBUNG

## Dongo und
## Gravedona            [116 C4–5]

Beide Orte am nördlichen Westufer des Comer Sees sind geschichtsträchtige Plätze. In Dongo (208 m, 3500 Ew.) blühte einst die Metallverarbeitung und wurden Kanonen hergestellt. Heute ist Dongo ein schöner Ort zum Flanieren und Rasten.

Das Kleinstädtchen Gravedona (202 m, 2700 Ew.), 18 km nördlich von Menaggio auf einer Halbinsel gelegen, ist römischen Ursprungs und bietet einige kunsthistorische Schätze. Zwei bedeutende romanische Kirchen stehen gleich nebeneinander, *San Vincenzo* und *Santa Maria del Tiglio:* Die aus dem 12. Jh. stammende, schwarzweiß gestreifte Kirche »Heilige Maria der Linde« wird als der wichtigste romanische Bau des oberen Lario bezeichnet. Sehenswert ist außerdem der *Palazzo Gallio,* ein viereckiger Monumentalbau mit vier Ecktürmen.

Einen kleinen Snack und ein prima *gelato* in sympathischer Atmosphäre – manchmal begleitet von Jazzkonzerten – können Sie im Restaurant *Olmo* am Lungolago *(tgl., Tel. 034 48 52 65, €)* zu sich nehmen. **Insi Tip**

## Griante-Cadenabbia      [122 B1]

Cadenabbia ist der am See gelegene Ortsteil von Griante-Cadenabbia (207 m, 800 Ew.). Bekannt ist der 3 km südlich von Menaggio gelegene Ort vor allem wegen der *Villa Collina,* einst das Sommerreiseziel des deutschen Bundeskanzlers Konrad Adenauer. Auch heute noch kann man in der Villa übernachten *(12 Zi., Tel. 034 44 41 11, Fax 034 44 10 58, €€€).*

Außergewöhnlich und nicht zu übersehen liegt die kleine 🔱 Kirche *San Martino:* unterhalb des gleichnamigen Felsens und doch immer noch hoch genug, um einen traumhaften Ausblick genießen zu können.

## Isola Comacina          [122 B2]

Im Gegensatz zum Lago Maggiore, wo die Inseln die Perlen des Sees sind, schmückt den Comer See nur gerade ein einziges Eiland, 600 m lang und 200 m breit. Ein Ausflug auf die Isola Comacina lohnt aber auf jeden Fall, seis wegen ihrer archäologischen Bedeutung – die Insel gilt als »mittelalterliches Pompeji des Comer Hinterlands« – oder wegen der teuflischen Riten, die in der *Locanda (in der Hochsaison tgl., Tel. 034 45 50 83, €€€)* zu erleben sind.

Im Jahr 1169, so will es die Legende, rief der damalige Bischof von Como nach einem Blutbad die Verwünschung aus, dass auf dieser Insel kein Mensch mehr leben, keine Glocke mehr schlagen solle. Die Insel wurde nach und nach verlassen, bis vor 50 Jahren der Wirt beschloss, das Schicksal herauszufordern und dem Fluch mit einem Ritual entgegenzutreten.

Der derzeitige Wirt Benvenuto Puricelli führt das Ritual weiter und schließt die stets gleichen Mahlzeiten mit einer Beschwörung ab: Während die Glocken schlagen, wird ein ganz spezieller Kaffee serviert … Boote verkehren ab Sala Comacina.

## Museo della Barca Lariana [116 C5]

In einer Spinnerei aus dem 19. Jh. in Pianello del Lario 10 km nördlich von Menaggio sind über 150 typische Boote des Comer Sees ausgestellt. *2003 wegen Umbau geschl., Via Statale*

## Valle d'Intelvi [121 E–F 1–2]

Die Fahrt vom Comer-See-Dorf Argegno, 15 Autominuten südlich von Menaggio, durch das Intelvital hinüber an den Luganer See hat es in sich: Vom subtropischen Ambiente des Sees gewinnt man in wenigen Serpentinen an Höhe und fühlt sich bald in alpinem Umfeld, ehe die Straße nach der italienischen Zollstation unglaublich steil durch eine enge Schlucht (die Schmugglerromantik lässt grüßen) in die Tessiner Valmara und nach Maroggia an den Luganer See führt.

## Villa del Balbianello [122 B2]

Das Besondere an dieser romantischen Villa in *Lenno* 8 km südlich von Menaggio ist ihr Zugang: Sie kann nur vom See her besichtigt werden.

Das Anwesen, auch Villa Arconati genannt, das im 18. Jh. gebaut wurde und heute im Besitz der italienischen Naturschutzorganisation FAI ist, ist leider nur für angemeldete Gruppen zugänglich; dafür ist die Parkanlage geöffnet. Boote fahren im Halbstundentakt ab Sala Comacina. *April–Okt. Di und Do bis So 10–12.30 und 15.30 bis 18.30 Uhr, Tel. 034 45 61 10, Fax 034 45 55 75*

## Villa Carlotta [122 B1]

Der Küstenabschnitt bei Tremezzo 5 km südlich von Menaggio ist ein vor den Nordwinden geschützter Ort, womit bereits erklärt ist, warum die Pflanzen in der Parkanlage der Villa Carlotta derart üppig und prachtvoll gedeihen. Besonders im Frühjahr, zur Blütezeit der Azaleen, ist das Blumenschauspiel grandios und zieht zahlreiche Touristen aus aller Welt an.

1690 ließ sich der Mailänder Marchese Giorgio Clerici diese Villa als Sommersitz bauen. Ihren Namen erhielt sie später von Prinzessin Carlotta, Tochter eines späteren Besitzers. Doch auch das Innenleben der Villa hat Stil: ein Marmorsaal, neoklassizistische Möbel sowie wertvolle Skulpturen und Gemälde.

Steigen Sie die fünf Treppen zur bekanntesten Villa des Westufers empor, genießen Sie den Blick über den See und die gegenüberliegende Bergkette der Grigne: Nirgends sonst liegen am Comer See Prunk und natürliche Schönheit so nah beieinander. *April–Sept. tgl. 9–18, März und Okt. 9–11.30 und 14 bis 16.30 Uhr*

# Kühler Seewind, wilde Schluchten, urtümliche Kultur

**Die Touren sind in der Karte auf dem hinteren Umschlag und im Reiseatlas ab Seite 112 grün markiert**

## 1 VOM LAGO MAGGIORE IN DIE BERGWELT DER CENTOVALLI

**Diese Tour führt Sie aus der mondänen Welt klingender Namen am Lago Maggiore hoch ins Reich der Steine, der Abgründe, des Verzichts in den Centovalli und den Ossolatälern. Für diese 140 km lange Rundfahrt sollten Sie sich mindestens einen ganzen Tag Zeit lassen. Sie ist mit dem Auto zu machen, entspannender aber mit Zug und Schiff. Die öffentlichen Verkehrsmittel der Region bieten diese Route als kombinierte Rundfahrt mit Zug und Schiff unter dem Titel Lago Maggiore Express an. Informationen bei den örtlichen Reisebüros.**

Die Tour von den üppigen Seepromenaden in die kargen Berge ist als Rundreise konzipiert, deshalb

*Kleine Bergdörfer säumen die Strecke durchs Centovallital*

können Sie an einem beliebigen Ort in die Route einsteigen. Ein guter Startpunkt ist *Locarno (S. 37)*, denn der erste, knapp 50 km lange Streckenteil durch die wilden Centovalli bis ins italienische Städtchen Domodossola ist der aufregendste und anstrengendste.

Wer sich mit öffentlichen Verkehrsmitteln fortbewegt, setzt sich in Locarno in einen Schmalspurzug der Ferrovie e Autolinee Regionali Ticinesi (Fart) und lässt sich in gemütlicher, rund anderthalbstündiger Fahrt über unzählige Brücken und durch ebenso viele Tunnels durch die spektakuläre Naturszenerie des Centovallitals schaukeln. Autofahrer halten sich ab Locarno an die Wegweiser Richtung Centovalli – und lassen spätestens nach 10 km die letzten Anzeichen des weltmännischen Touchs hinter sich, den sich die Ferienorte am Lago Maggiore geben. Im Dörfchen *Intragna* grüßt der höchste *campanile* (Kirchturm) des Tessins – dann wirds eng und kurvig.

Wer sich vom eigentümlichen Charme der Centovalli – die hun-

*Insider Tipp*

dert Täler im Namen sind nicht übertrieben – bezaubern lässt, muss in *Verdasio* einen Stopp einlegen. Von dort führen zwei Seilbähnchen in die Höhe: Das eine bringt Sie über die atemberaubende Schlucht hinweg ins romantische, autofreie Dörfchen Rasa, das nur mit dieser Bahn erreichbar ist. Das andere führt hoch in die *Rustico*-Siedlung *Monti di Comino*. Dort bietet sich eine Zwischenmahlzeit im *Riposo Romantico (Ostern-Okt. tgl., €€)* an – der Name verspricht nicht zu viel. Ab Monti di Comino ist eine schöne, nicht schwierige, gut zweistündige Höhenwanderung nach Costa möglich, von wo ein weiteres Seilbähnchen zurück nach Intragna führt.

Anschließend fordert die kurvenreiche Straße wieder Ihre volle Aufmerksamkeit. Dass durch die geröllreichen, unendlich scheinenden Abhänge einst geheime Schmugglerpfade führten, leuchtet sofort ein. Nach dem Grenzübertritt bei Camedo und wenigen Schwindel erregenden Kilometern trauen Sie Ihren Augen nicht: Ein gewaltiges Bauwerk steht auf einmal im engen Tal – die prächtige *Wallfahrtskirche von Re*. Das gewaltige Bauwerk in gotisch-byzantinischem Stil wurde erst im 20. Jh. errichtet – um das eigentliche Heiligtum herum, ein Bild der Blut weinenden Madonna von Re aus dem 15. Jh.

Nach Re öffnet sich das Tal zu einer weiten Hochebene. Im Hauptort *Santa Maria Maggiore* wartet das pittoreske, kleine *Kaminfegermuseum (nur Juli/Aug. tgl. 15.30 bis 18.30, So/Mo auch 10 bis 12 Uhr)*.

Danach fahren Sie einige Kilometer steil hinunter in das nicht eben ansehnliche, aber geschäftige und lebendige Städtchen *Domodossola*. In Domodossola, Grenzbahnhof der Simplonroute, lohnt es sich, eine Pause zu machen. Gönnen Sie sich beispielsweise im *Ristorante Piemonte da Sciolla (Mi geschl., Piazza Convenzione 5, Tel. 032 42 426 33, €€)* einen Teller Gnocchi, ein Glas Piemonteser Roten – und überlegen Sie, ob Sie einen Abstecher in eines der sieben Ossolatäler machen wollen, nach Macugnaga am Fuß des Monte-Rosa-Massivs beispielsweise oder hinauf ins Antigoriotal.

Vielleicht sind Sie aber auch gekommen, um über den bekannten *Samstagsmarkt (7.30–13 Uhr)* zu streifen und sich eine monumentale Salami einpacken zu lassen. Oder der Name Ossola ruft in Ihnen historische Erinnerungen wach: Die Ossolatäler widerstanden während des Zweiten Weltkriegs als von den Partisanen befreite Republik heldenhaft der faschistischen Vereinnahmung.

Wenn Ihnen nach so viel Bergen der Sinn wieder nach See steht, machen Sie sich auf und folgen dem Toce flussabwärts 40 km Richtung Verbania/Stresa, seis mit der italienischen Staatsbahn oder mit dem Auto. Dabei werden Ihnen, wenn Sie an den Talflanken hochschauen, die gewaltigen Steinbrüche nicht entgehen: Gneis und Granit werden hier dem Berg abgerungen – und ganz unten im Tal, beim Dörfchen Candoglia, bricht man sogar wertvollen roten Marmor.

Eine erste blaue Perle taucht kurz danach auf – der kleine *Mergozzosee,* ein Vorbote des Lago Maggiore. Das gleichnamige Dorf war nach jüngsten archäologischen Erkenntnissen schon im 5. Jh. be-

![Süßer Ausklang: ein gelato am lungolago]

*Süßer Ausklang: ein gelato am lungolago*

siedelt und glänzt bis heute mit kunsthistorisch wertvollen Sakralbauten, dem *Oratorium Santa Marta* sowie der stattlichen Kirche *San Giovanni Battista,* beide aus dem 12. Jh.

Anschließend sind es nur noch wenige Kilometer, dann liegt der Lago Maggiore wieder vor Ihnen. Er erscheint, nach der Enge der Täler und der Schwere des Granits, noch befreiender, noch verlockender, noch großartiger. Ein *gelato* oder ein Gebäck am Lungolago von Stresa oder Pallanza – das ist jetzt das Richtige.

Wer mit dem Zug unterwegs war, besteigt hier das Kursschiff Richtung Locarno – und vergisst, den Wind in den Haaren, vielleicht für einen Moment, dass das Mittelmeer noch ein paar Hundert Kilometer weiter südlich liegt.

## 2 GRENZTOUR VON COMO INS STILLE MUGGIOTAL

Diese 30 km kurze, am besten mit dem Auto zu bewältigende Tour führt Sie aus dem urbanen Raum Comos über die Landesgrenze durch die chaotisch-lebendige Senke von Chiasso hinauf in eine der schönsten Kulturlandschaften der Schweiz: ins ==pittoreske Muggiotal.== Rechnen Sie trotz der Kürze einen knappen Tag ein – es gibt unterwegs genug zu entdecken.

**Insider Tipp**

Die Tour beginnt im Zentrum von *Como (S. 69),* ganz *all'italiana:* Setzen Sie sich in die *Pasticceria Riva (tgl., Piazza Perretta 11),* genießen Sie einen Cappuccino, stärken Sie sich mit einer Brioche, spazieren Sie dann über die großartige

*Como besticht mit urbanem Lebensgefühl und formidabler Seelage*

Piazza Cavour nach vorne an den See, und geben Sie sich einen Moment dem Anblick hin. Hier zeigt Como seine Doppelgesichtigkeit – die majestätische Ruhe und die Grandezza der traumhaften Seelage zum einen, die ungeduldige Lebendigkeit zum andern, die sich im ungestüm die waldigen Anhöhen hochrankenden Siedlungsgeflecht manifestiert.

Ein Stück dieses pulsierenden Lebens, das abstößt und fasziniert zugleich, bekommen Sie mit, wenn Sie nun, auf der holprigen Straße in Richtung Grenze, den Hügel hochfahren, vorbei an modernen Villen, die achtlos neben baufällige Althäuser gestellt wurden. Man weiß nie so recht, ob man sich noch in dieser von Ästheten so gerühmten Seenregion befindet oder in einem Industrievorort, in dem jegliche Lebensqualität kurzfristigem Renditedenken geopfert worden ist.

Diese Ambivalenz verstärkt sich noch, wenn Sie dann hinab in den Talkessel von Chiasso rollen, zum Grenzübergang, der die Schweiz von Italien trennt. Nie wird so greifbar wie hier, was diese Welten trennt. Es mag eine Platitüde sein – aber da ändert sich etwas, auf den paar Metern zwischen den Ländern, hier die charmante Nonchalance Italiens, dort die aufgeräumte Hektik der Schweiz. Der Landeswechsel liegt in der Luft, in den Gerüchen, im Lebensrhythmus. Lassen Sie sich einen Moment Zeit, wenn Sie den Grenzposten passieren, und genehmigen Sie sich in einer Bar in Ponte Chiasso oder Chiasso eine Erfrischung.

Nicht nur spüren, sondern auch sehen und hören können Sie, was die Grenze aus diesem Chiasso – das auf Deutsch bezeichnenderweise »Lärm« heißt – gemacht hat: Die überdimensionierten Schienenanlagen des Grenzbahnhofs in der Ebene, eindrucksvoll zu beobachten im urigen *Grotto Linet (Mo geschl., Via Sottopenz, Tel. 09 16 83 08 74, €)*, sprechen Bände. 1882, als mit der Eröffnung des Gotthardtunnels der Nord-Süd-Transit auf der Schiene einsetzte, war *Chiasso* ein Bauerndorf. Wenige Jahrzehnte später fand es sich als internationales Grenzstädtchen wieder. Über die Grenze geflossene Schwarzgelder, die umgehend angelegt werden mussten, haben Chiassos Antlitz verändert – zwecks Profitoptimierung schossen die Gebäude in die Höhe, die Banken bauten sich prunkvolle Paläste. Doch Chiassos Herz ist inmitten des hektischen Chaos dörflich und gemächlich geblieben, wie Ihnen ein Spaziergang im populären Quartiere Soldini bestätigen wird.

Und Chiasso, so unwirtlich es scheinen mag, hält sich auch veritable Oasen. Eine kulinarische finden Sie, wenn Sie 2 km den Hügel Richtung Vacallo hochfahren. Das Restaurant *Conca Bella* direkt an der Straße *(So/Mo geschl., Via Concabella 2, Tel. 09 16 83 74 74, €€€)* ist ein Highlight. Und eine landschaftliche Preziose liegt an der gleichen Straße nur wenige Kilometer weiter: das *Muggiotal*, die südlichste Talschaft der Schweiz.

Das Minital, knapp 10 km lang, dessen Terrassenlandschaft bei schrägem Lichteinfall markante Konturen produziert, gehört zu den schönsten und wertvollsten Kulturlandschaften der Schweiz. An seinen Flanken kleben kompakt gebaute Dörfchen, auf den Höhen des Tals finden sich die Weiden der alpinen Viehwirtschaft, in tieferen Lagen die typisch mediterranen Terrassen für den Ackerbau. Im Unterschied zu einem Großteil des oberitalienischen Dreiseengebiets handelt es sich hier nicht um eine exotische Gartenlandschaft, sondern um bodenständiges Kulturland.

Fahren Sie talaufwärts, ins hinterste noch besiedelte Dorf *Muggio* (661 m, 220 Ew.), und schauen Sie sich um. Die speziellen geologischen und klimatischen Verhältnisse in der Valle di Muggio haben die traditionellen Bauern zu innovativen Schritten gezwungen. Im Karstgebiet des Monte Generoso, an dessen Abhängen sich das Muggiotal befindet, versickerte das Wasser zu schnell für eine ersprießliche Landwirtschaft. Die Bauern ersannen Spezialkonstruktionen: Sie bauten aus Schieferstein Schneekeller, so genannte *nevere*, konstruierten Kastanientrocknungsanlagen und Türme zum Vogelfang. Diese pittoresken Zeugnisse der traditionellen Volkskultur können Sie sich aus der Nähe anschauen, da ein außergewöhnliches *Freiluftmuseum* dieses heute nicht mehr genutzte Kulturerbe publikumswirksam erschließt. Die aussagekräftigsten Objekte sind an ihrem Standort restauriert und mit einem ausgeschilderten Wanderweg ab dem Dörfchen Cabbio verbunden worden (Auskunft: *Ethnografisches Talmuseum, Tel. 09 16 48 10 68*, und *Verkehrsbüro Mendrisiotto, Tel. 09 16 46 57 61, www.valledimuggio.ch*).

Wenn Sie über Nacht bleiben möchten, quartieren Sie sich im Dörfchen *Sagno* (Abzweigung in Morbio Superiore beachten) bei der Kooperative *Ul Furmighin (6 Zi., Tel. 09 16 82 01 75, Fax 09 16 82 01 76, €)* ein. Sie bietet Ihnen ein Bett in traumhafter Lage.

# Aktiv mit Bergblick und Seesicht

**Die Seen und die nahen Berge sorgen für ein überaus breit gefächertes Sportangebot**

**D**as Gebiet der Oberitalienischen Seen bietet allen, denen der Sinn nach mehr als einem Spaziergang auf der Uferpromenade steht, eine Fülle an Möglichkeiten, sich zu verausgaben. Ob Sie dabei auf dem Surfbrett über den Comer See zischen oder die gemütliche Kammwanderung mit grandiosem Seeblick vorziehen: Gemeinsam ist allen Aktivitäten, dass Sie sie hier in spektakulärer Landschaft ausüben.

## BADEN

Die Bademöglichkeiten in den Seen sind oft unglaublich schön. Doch Achtung: Sauberes Seewasser kann nicht überall gewährleistet werden. Im Tessin wurden in den letzten Jahrzehnten enorme Anstrengungen unternommen. Selbst der Luganer See mit seinem geringen Wasseraustausch hat sich erholt. In Italien lässt die Wasserqualität an vielen Orten zu wünschen übrig. Am touristischen Westufer des Comer Sees (ausgenommen Domaso) sind die sauberen Badeplätze dünn gesät. Informationen im lokalen Verkehrsbüro oder bei der *Azienda Sa-*

*Für Surfer ist Domaso am Nordende des Comer Sees das Topziel*

*nitaria Locale (Tel. 031 37 01 11).* An den italienischen Ufern des Lago Maggiore wurde einiges getan, doch der Rückstand ist groß. Die Zugänglichkeit der Uferpartien ist an vielen Stellen durch Privatbesitz eingeschränkt. Lauschige Badeplätze gibt es aber trotzdem, etwa am linken Ufer des Lago Maggiore und im Gambarogno. Das verlockende Baden in den kristallklaren Flüssen der Locarneser Täler ist dank einer 1999 eingeleiteten Informationskampagne nicht mehr so gefährlich.

**Insider Tipp**

## BERGSTEIGEN

Der Resegone und die Grignegruppe im Hinterland des Comer Sees sind ideale Ziele für Alpinisten. Auskunft erteilt die Sektion Lecco des italienischen Alpenclubs *CAI (Via Roma 51, Tel. 03 41 36 35 88).* Über dem Luganer See wurde auf dem Monte San Salvatore ein anspruchsvoller Klettersteig angelegt.

## GOLF

Im Seengebiet sind zahlreiche Anlagen entstanden, die es auch weniger begüterten Kreisen ermöglichen, den Schläger zu schwingen, vor allem in der italienischen Nachbarschaft. Der Snobappeal ist aber auf den ganz teuren Plätzen keineswegs verblasst. Die 18-Loch-Anlage des *Golf Club Patriziale Ascona* am Maggiadelta ist ganzjährig geöffnet *(90, Winter 70 Franken, Via Lido, Tel. 09 17 91 21 32, www.golf.ascona.ch)*. Der gepflegte ✹ 18-Loch-Platz *Croce* mit phänomenaler Sicht auf den See liegt im Comer-See-Gebiet in Croce an der Straße von Menaggio nach Lugano *(Via Golf 12, Grandola ed Uniti, Tel. 034 43 21 03, Fax 034 43 07 80)*. Der neue, ganzjährig geöffnete 18-Loch-Platz *Golf Gerre Losone* direkt am Fluss Melezza ist eine kleine Oase und verfügt über eine Driving Range für Nichtmitglieder *(80, Sa/So 100 Franken, Contrada San Giorgio 7, Tel. 09 17 80 53 54, www.golfgerrelosone.com)*. Der *Golf Club Lugano* besitzt das einzige Green im Südtessin, aber was für eines: eine 18-Loch-Anlage in herrlicher Lage am Luganer See in *Magliaso* 15 Autominuten von Lugano entfernt *(90, Sa/So 110 Franken, Tel. 09 16 06 15 57, www.golflugano.ch)*.

## PARAGLIDING

Den Hängegleitern leisten die Tessiner Seilbahnen gute Dienste. Auf der italienischen Seite des Lago Maggiore ist die *Associazione Icaro (Tel. 03 32 62 66 21) in Laveno-Mombello* zu empfehlen. Ein beliebter Ausgangspunkt für Gleitschirmflieger ist der Sasso del Ferro bei Laveno am Lago Maggiore.

## RADFAHREN

Sie werden sehr vielen Radlern begegnen, meist auf schnittigen Renn-velos. Radwege für gemächliche Tourenfahrer sind dagegen Mangelware. Entlang der Seen führt eine oft schmale, stark befahrene Straße. Wer ein bisschen Kondition mitbringt, kommt zu phantastischen Veloerlebnissen und rauschenden Abfahrten. Wer nur die Abfahrt genießen will: Der *Cavalcalario Club in Gallasco-Bellagio (Tel./Fax 031 98 48 14, www.bellagio-mountains.it)* fährt Sie mit dem Minibus von Bellagio auf den San Primo, wo Bikern verschiedene Abfahrten offen stehen. Am Luganer See führt eine Veloroute von Agno bis Chiasso. Ein ideales Gebiet zum Radfahren ist der ebene Parco del Ticino im Süden des Lago Maggiore.

## REITEN

Es gibt zahlreiche Reitställe, die für Anfänger wie Könner Kurse und Ausritte organisieren. Allein in der Provinz Como finden sich mehr als 30 Reitställe, vor allem in der hügeligen Brianza. Beliebtes Naherholungsgebiet ist der südwestlich von Como gelegene Pinienpark von Appiano, Gentile und Tradate. Auskunft: *Associazione Nazionale Centri Ippici Natura Cavallo Como, c/o Gianfranco Cecchini (The Prince's Ranch), Tel. 031 70 15 70*

## WANDERN

Es gibt wunderbare Wanderrouten, die häufig einfach begehbar und auch gut ausgeschildert sind. So können Sie zum Beispiel das Westufer des Comer Sees zu Fuß auf der *Via dei Monti Lariani* erkunden, 130 km zwischen Cernobbio und Sorico (auch Teilstrecken möglich). Oder die Route auf dem *Dorsale del*

*Allen Seen gemeinsam ist die unverfälschte Bergwelt im Hinterland*

*Triangolo Lariano:* in zwei Tagen von Como nach Bellagio. Ebenso schöne Wanderrouten gibt es am Lago Maggiore. Die *Strada Alta del Verbano* führt von Ghiffa nach Cannobio und ist einfach begehbar. Im Tessin locken vor allem die Höhen, so der Grenzberg *Monte Generoso.*

## WASSERSPORT

Von Tagen mit böigem Föhn abgesehen, herrscht am Lago Maggiore der brave Schönwetterwind *Inverna* vor. Am Luganer und am Comer See werden die Windverhältnisse stark vom Mikroklima beeinflusst. Ideal für Einsteiger (aber meist nicht gerade aufregend für Könner). Lektionen erteilt die *Windsurf School La Darsena (***[114 B5]***, Via Provinciale in Pino del Lago Maggiore, Tel. 03 32 56 64 92, cristina-corsi@ticino.com).* Das eigentliche Windsurfparadies liegt am Comer See in *Domaso* knapp 20 km nördlich von Menaggio. Domaso mit seinem Kiesstrand profitiert am Mor-

gen vom *tivano,* dem Nordwind (Achtung: Das Südufer ist weit entfernt!), und am Nachmittag von der von Süden her auffrischenden Brise, der *breva,* die mit einer Windstärke von bis zu sechs Beaufort blasen kann. Das einstige Fischerdorf hat sich ganz und gar dem Surfsport verschrieben: Surfshops, Surfschulen und zwölf Campingplätze reihen sich aneinander. Einige *campeggi* bieten neben Stellplätzen auch Hotelzimmer an, z. B. *Camping Europa (33 Zi., Tel. 034 49 60 44, Fax 034 49 60 24, €).*

Boote, Tretboote und Wasserski können in Menaggio im *Centro Lago Service (Lungolago Castelli, Tel. 034 43 20 03)* gemietet werden. Der Ruderclub von Lecco vermietet Kanus und Kajaks *(Società Canottieri Lecco, Via Nullo 2, Tel. 03 41 36 42 73).*

Eine Segelschule gibt es am Lago Maggiore in *Cerro* **[119 E3]** bei Laveno: *Centro Vela, Via Pescatori 6, Tel./Fax 03 32 62 64 62, centrovela @mail.omnitel.it*

**93**

# Schluchtenabenteuer und Schokomuseum

## Die Italiener sind bekanntermaßen überaus kinderfreundlich; das Tessin kann da manchmal nicht ganz mithalten

**D**ie Kinderfreundlichkeit der Italiener ist legendär. Und weil in den meisten italienischen Gaststätten ohnehin ein höherer Geräuschpegel herrscht, rasten Italiener auch nicht aus, wenn Familien mit Kindern einmal etwas lauter werden. Im Tessin, vor allem in Gegenden, die einen Tourismus pflegen, der eher auf Senioren zugeschnitten ist, ist man schon etwas empfindlicher. Deshalb haben gerade jene Hotels großen Erfolg, die seit vielen Jahren besonders familienfreundlich sind. Der Generationenwechsel wird nahtlos vollzogen. Das Freizeitangebot für Kinder nähert sich im Tessin ebenfalls dem italienischen Standard, umso mehr, als sich Ticino Turismo mit guten Ideen, viel Aufwand und einigem Erfolg darum bemüht, jüngere Gästeschichten anzusprechen.

### LAGO MAGGIORE

### Museo Europeo dei Trasporti in Ranco          [119 E4]
Das originelle Museum, das ein Professor auf dem Grundstück seines Hauses eingerichtet hat, zeigt u. a. die ersten Dampflokomotiven und uralte Busse. Was sich auf Rädern, auf Schienen, im Wasser oder in der Luft bewegt: Im Europäischen Transportmuseum in Ranco bei Angera ist von der Pferdekutsche bis zum Welttraumschiff alles zu sehen. Am Sonntagnachmittag ist eine riesige Eisenbahnmodellanlage in Betrieb. Die »ideale Stadt«, Leonardo da Vinci nachempfunden, zeigt auf, wie menschenfreundlich Städte sein könnten. *Okt.–März Di bis So 15–17, April–Sept. 10–12 und 14–18 Uhr, Eintritt frei*

*Insider Tipp*

### Parco dei Lagoni in Mercurago bei Arona          [119 D–E 5–6]
Der Naturpark am Lago Maggiore ist sehr abwechslungsreich. Kein Wunder, dass Familien mit Kindern zu den häufigsten Besuchern zählen. Sümpfe und Teiche bilden den Mittelpunkt des Parks. Voralpine Tierarten wie Eichhörnchen, Hasen, Marder, Füchse und eine Vielzahl von Vögeln sind hier zu beobachten. Am Wasser halten sich Stockenten, Eisvögel und Teichhühner auf. Ein landwirtschaftlicher Lehrpfad bezeugt die lange Tradition der Pferdezucht in diesem Ge-

*Auch für Kinder ein Spaß: Stöbern auf den (Floh-)Märkten*

biet. Rund 20 Seitenwege führen zu einzelnen Höfen, in denen neben den Rennpferden auch Rinder gezüchtet sowie Getreide, Früchte und Gemüse angepflanzt werden. Die Lagoni sind bequem erreichbar (Autobahnausfahrt Arona).

## Puppen- und Spielzeugmuseum
## Rocca di Angera  [119 E5]

In der gewaltigen Burg der Borromäer hoch über dem Lago Maggiore sehen Kinder, mit was Kinder früher spielten und welche Kleider sie trugen: Das Museum für Puppen, Kinderkleider und Spielzeug interessiert sicher auch die Eltern, die nebenbei die prunkvollen Säle bewundern und die herrliche Aussicht auf See und Berge genießen können. *April–Okt. tgl. 9.30–12.30 und 13–18(Okt. bis 17) Uhr, 6 Euro, Kinder von 6 bis 15 Jahren 4 Euro, Kinder bis 6 Jahre frei*

## Spielweg
## auf der Cardada  [114 B3]

Kinder können sich auf dem Hausberg Locarnos stundenlang vergnügen: An dem hier angelegten, 1200 m langen Spielweg stehen nicht nur die gewohnten Schaukeln und Sandkästen, sondern allerlei ausgeklügelte, moderne Geräte, die bei allem Spaß auch die geheimnisvollen Kräfte der Natur erkennen lassen. Bald soll auch ein Indianerdörfchen dazukommen. *Zu erreichen mit der Standseilbahn Locarno–Orselina, von hier weiter mit der Kabinenbahn Orselina–Cardada*

## Villa Pallavicino
## in Stresa  [119 D–E3]

An der Straße Richtung Arona liegt die im 19. Jh. gebaute Villa mit ihrer großen, besonders familienfreundlichen Parkanlage. Sie beherbergt 40 verschiedene Arten von exotischen Vögeln und Säugetieren. Restaurant und Spielplätze gehören dazu. *März bis Okt. tgl. 9–19 Uhr, 6 Euro, Kinder 3 Euro*

**LUGANER SEE**

## Acquapark California
## in Balerna  [121 E4]

Balerna ganz in der Nähe der Grenzstadt Chiasso hat eine Kinderattraktion erster Güte vorzuweisen. Der Acquapark zieht neben zahlreichen Familien mit Kindern aber auch alle anderen magisch an, die sich gern im und mit dem Wasser vergnügen. Da gibt es von der Riesenrutschbahn bis zum Whirlpool so ziemlich alles für Action und Entspannung im nassen Element. *Mo–Fr 9–22, Sa/So 9–20 Uhr, 16 Franken, Kinder von 4 bis 14 Jahren 9 Franken, Kinder bis 4 Jahre frei, Via San Gottardo 4*

## Schokoland Alprose  [120 C1–2]

In Caslano an der Straße zwischen Agno und Ponte Tresa öffnet die Schokoladenfabrik Alprose ihre Tore für Besucher. Ein Teil des Betriebs ist zum Schokoladenmuseum geworden. Eine süße Versuchung nicht nur für Kinder und nicht nur für Regentage. *Mo–Fr 9–18, Sa/So 9–17 Uhr, 3 Franken, Kinder 1 Franken, Via Rompada 36, www. alprose.ch*

## Swissminiatur Melide  [121 D2]

Hier wird die Schweiz noch kleiner, als sie eh schon ist: die touristischen Attraktionen der Eidgenossenschaft, maßstabgetreu im Gartenzwergformat nachgebaut, ein sicherer Erfolg bei Kindern. Sehr zu deren Freude

*Einmal durch die ganze Schweiz spazieren: Swissminiatur machts möglich*

verlagerte sich der Akzent bei Umbauten und Erweiterungen in den letzten Jahren immer mehr auf spielerisches Vergnügen. In Melide, zehn Autominuten südlich von Lugano, am Brückendamm über den See. *März–Okt. tgl. 9–18 Uhr, 12 Franken, Kinder 7 Franken*

### Zoo Al Maglio in Magliaso [120 C1]

Ein Privatzoo mit über 250 Tieren, Spielplatz, Picknickplätzen und Snackbar – da vergeht die Zeit im Flug. Ideal für Familien mit Kindern und Schulklassen. Magliaso liegt an der Straße und Bahnlinie zwischen Lugano und dem Grenzort Ponte Tresa. *April–Okt. tgl. 9–19 Uhr, Nov. bis März tgl. 10 Uhr–Sonnenuntergang, 8 Franken, Kinder 4 Franken*

### COMER SEE

### Besucherbergwerk Piani Resinelli bei Lecco [123 D3]

Schon die Fahrt durch das wilde Tal ist ein Spektakel. Die praktische Erfahrung, wie die Luft umso wärmer wird, je tiefer man unter den Erdboden vordringt, ist (nicht nur) für Kinder ein verblüffendes Erlebnis. Da brauchen Sie auch nicht allzu weit auszuholen, um Ihren Kindern begreiflich zu machen, wie hart die Arbeit der Grubenarbeiter gewesen sein muss. Der Parco Minerario Piani Resinelli ist daher ein beliebtes Ziel für Familienausflüge. *März–Juli So 10–12 und 14–16, Aug. Mo–Sa 15–19, So 10–12 und 15–19 Uhr, sonst nach Vereinbarung, Tel. 03 41 24 07 24, 6 Euro, Kinder von 7 bis 12 Jahren 3 Euro*

### Orrido in Bellano [116 C6]

Was, wir steigen in eine Schlucht hinunter? Die kindliche Neugier ist sofort geweckt. Die Sprösslinge wollen wissen, was sie denn da für ein Abenteuer erwartet: ein faszinierendes Spiel von Licht und Schatten, die seltsamsten Felsformen und Gesteinsfarben. Die tiefe Schlucht, die der Fluss Pioverna in Jahrtausenden in die Kalkfelsen bei Bellano gegraben hat, ist ein beliebtes Ausflugsziel für Familien mit Kindern. *Juni–Sept. tgl. 10–22.30 Uhr, Okt.–Mai Di–Sa 10–13 und 15 bis 18, So 10–18 Uhr, 2,60 Euro, Kinder bis 18 Jahre 1,55 Euro*

# Angesagt!

**Was Sie wissen sollten über Trends,
die Szene und Kuriositäten an den Oberital. Seen**

### Sport ist nicht nur Fußball

Sport, ob als Zuschauer oder selbst praktiziert, hat einen hohen Stellenwert. Viele wenden sich jedoch vom Megageschäft Fußball ab. Im Trend liegen Sportarten, die ein unbeschwertes Lebensgefühl ausdrücken, etwa Beachvolleyball, oder eine gehörige Portion Mut und Einsatz verlangen, zum Beispiel Freeclimbing.

### Zwanglose Begegnungen

Die Disko und das Internetcafé sind nach wie vor die beliebtesten Treffpunkte, und an denen herrscht an den Oberitalienischen Seen wahrlich kein Mangel. Der Beliebtheitsgrad wechselt sehr rasch, es ist müßig, eine Rangliste aufzustellen. Ein übereifriger Rausschmeißer genügt, um ganze Scharen zum Wechsel der Location zu bewegen. Der Trend: Alles unter einem Dach, von Sälen mit über 2000 Sitzplätzen bis zum Restaurant und Nachtclub. Ein paar Klassiker der Szene: *La Rotonda* in Gordola bei Locarno, *Titanic* in Pambio-Noranco bei Lugano – die größte Disko im Tessin – und am Comer See *L'Orsa Maggiore* in Abbadia-Lariana. Sehr angesagt sind auch die *Bar Commercio* in Lecco und die *Vineria del Croce* in Varese.

### Schön ist, was gefällt

Nicht immer kommen die aktuellsten Modetrends und die teuersten Markenklamotten auch bei der Jugend an. Was sie tragen, soll in erster Linie ihr Selbstwertgefühl und die Verbundenheit mit der Gruppe ausdrücken – das kann unter Umständen auch mal ein billiger Fetzen sein. Es gibt allerdings ein paar Namen und Accessoires, die auch bei der Jugend Kultstatus genießen. Etwa eine Tasche von Laura Biagiotti oder Krizia, Stiefel von Sport Line oder Jeans der teuren Marken. Da wird lieber anderswo gespart.

### Agritourismus

Naturrein, unverfälscht, biologisch – Begriffe, die im lange umweltignoranten Italien neuerdings sehr im Trend sind: Der Agritourismus, der (Kurz-)Urlaub oder einfach nur das Abendessen auf dem Bauernhof, hat in Italien auch im Krisenjahr 2002 Rekordzahlen verbucht. Was auf den Tisch kommt, stammt zum größten Teil vom eigenen Landwirtschaftsbetrieb.

# Von Anreise bis Zoll

**Hier finden Sie kurz gefasst die wichtigsten Adressen und Informationen für Ihre Reise an die Oberitalienischen Seen**

## ANREISE

### Auto

Die am meisten benutzte Strecke führt ab Basel bzw. Zürich über die A 2 durch den Gotthardtunnel ins Tessin und weiter nach Como. Wer aus Bayern oder Österreich anreist, kann auch die A 13 über den San Bernardino wählen. Der Comer See ist auch über das Engadin und den Malojapass oder von Osten über den Brenner via Verona erreichbar.

### Bahn

Eurocitys von Dortmund und Hamburg nach Mailand und tägliche Verbindungen Stuttgart–Mailand garantieren eine umsteigefreie Anreise (Plätze reservieren!). Die internationalen Züge halten in Bellinzona (umsteigen nach Locarno/Ascona), Lugano, Chiasso und Como. *www.sbb.ch* und *www.trenitalia.it*

### Flugzeug

Lugano-Agno wird mit Zwischenstopp in Basel oder Zürich von mehreren Städten des deutschsprachigen Raums angeflogen. Der Vorteil des kleinen Flughafens ist eine schnelle und unkomplizierte Abfertigung. Informationen: *www.swiss.ch*. Der Megaairport Mailand-Malpensa liegt auch nur eine Autostunde von den Seen entfernt.

## AUSKUNFT

### Staatliches Italienisches Fremdenverkehrsbüro Enit

– *Kaiserstr. 65, 60329 Frankfurt;*
– *Kärntnerring 4, 1010 Wien;*
– *Uraniastr. 32, 8001 Zürich;*
Gebührenfreie Telefonnummer für Deutschland, Österreich und die Schweiz: *008 00 00 48 25 42*
– *www.enit.it*

### Schweiz Tourismus

– *Postfach 16 07 54, 60070 Frankfurt;*
– *Postfach 34, 1015 Wien;*
Gebührenfreie Telefonnummer für Deutschland, Österreich und die Schweiz: *008 00 10 02 00 30, Fax 008 00 10 02 00 31*

### Regionale Auskunftsstellen

– *Ticino Turismo, Villa Turrita, 6501 Bellinzona, Tel. 09 18 25 70 56, Fax 09 18 25 36 14*
– *Ufficio Informazione Turistica del Comasco, Piazza Cavour 17, 22100 Como, Tel. 03 13 30 01 11, Fax 031 26 11 52*
– *Azienda di Promozione Turistica del Lecchese, Via Nazario Sauro 6, 23900 Lecco, Tel. 03 41 36 23 60, Fax 03 41 38 62 31*
– *Azienda di Promozione Turistica Locale, Via Principe Tomaso 70/72, 28838 Stresa Tel. 032 33 04 16, Fax 03 23 93 43 35*

– Azienda di Promozione Turistica, Viale Ippodromo 9, 21100 Varese, Tel. 03 32 28 46 24, Fax 03 32 23 80 93

## AUTO

Höchstgeschwindigkeiten in Italien innerorts 50, auf Landstraßen 90, auf Schnellstraßen 110, auf Autobahnen 130 km/h. Auf Autobahnen und mehrspurigen Schnellstraßen muss auch am Tag das Abblendlicht eingeschaltet werden! Promillegrenze 0,5. *Autostrade* sind mautpflichtig *(pedaggio)*. Den Pannendienst des ACI erreichen Sie unter *Tel. 80 31 16*. Tankstellen sind außer an der Autobahn in der Mittagszeit und sonntags meist geschlossen.

Höchstgeschwindigkeiten in der Schweiz: innerorts 50, auf Landstraßen 80, auf Autobahnen 120 km/h. Promillegrenze 0,8. Die Benutzung der Autobahn erfordert den Besitz einer Vignette. (40 Franken für ein Kalenderjahr). Pannendienst: *Tel. 140*

## BANKEN & KREDITKARTEN

Immer mehr Banken verfügen über Automaten, die die internationalen Bankkarten akzeptieren. Öffnungszeiten: Italien meist Mo–Fr 9–13.30 Uhr, nachmittags nur vereinzelt; Schweiz: Mo–Fr 8.30–12 und 13.30 bis 16.30 Uhr. Kreditkarten sind in beiden Ländern weit verbreitet, Travellerschecks werden akzeptiert.

## CAMPING

Die Region der Oberitalienischen Seen ist ein kleines Campingparadies. Allein am Comer See gibt es fast 50 Plätze. Man findet vom kleinen, romantischen Zeltplatz bis zur bestens ausgerüsteten Zeltstadt alles. Ausführliche Verzeichnisse bieten die Verkehrsvereine der Regionen an. Wildes Camping wird beiderseits der Grenzen nicht geduldet.

## DIPLOMATISCHE VERTRETUNGEN

### Deutsche Konsulate
– *Via Solferino 40, Milano, Tel. 02 77 91 61*
– *Via Soave 9, Lugano, Tel. 09 19 22 78 82*

### Österreichische Konsulate
– *Piazza del Liberty, Milano, Tel. 02 78 37 43*
– *Via Pretorio 7, Lugano, Tel. 09 19 13 40 07*

### Schweizer Konsulat
– *Via Palestro 2, Milano, Tel. 02 77 91 61*

## EINTRITTSPREISE

Eintrittspreise in Museen variieren stark: So zahlt man für einige kleine Museen gar nichts, für die Touristenmagnete wie die Isole Borromee oder die Villa Carlotta am Comer See hingegen 6–8 Euro. Durchschnittlich kostet der Eintritt in ein Museum oder in eine Parkanlage in Italien 3 Euro, in der Schweiz 5 Franken, in Lugano oft das Doppelte. Kinder erhalten fast überall eine Ermäßigung. Auch bei den Strandbädern sind die Preise uneinheitlich. An allen drei Seen gibt es öffentliche Strände ( *bagno pubblico* oder *spiaggia pubblica*) mit freiem Eintritt, die aber meist über wenig oder nur rudimentäre sanitäre Einrichtungen verfügen. Veritable Strandbäder *(lido)* verlangen meist 5 Franken bzw. 3 Euro Eintritt.

## FERIENWOHNUNGEN & AGRITOURISMUS

Das Angebot reicht von einfachen Steinhäuschen für 100 bis zu prunkvollen Villen für 1000 Euro pro Woche. Die lokalen Verkehrsvereine verschicken Verzeichnisse. Wachsender Beliebtheit erfreuen sich in Italien – weniger an den Seen, aber vor allem in den abgelegenen Tälern – die Angebote von Ferien auf dem Bauernhof *(agriturismo)*. Eine gut ausgebaute Infrastruktur für das »Schlafen im Stroh« bietet zum Beispiel das Verkehrsbüro der Täler bei Luino (Lago Maggiore) an *(Comunità Montana Valli del Luinese, Via Collodi 4, 21016 Luino, Tel. 03 32 53 65 20)*. Auch das Verkehrsbüro der Provinz Como hält ein Verzeichnis bereit. Im Tessin entwickelt sich diese Art von Urlaub erst. Informationen erteilt *Ticino Turismo.*

## GESUNDHEIT

Erste Hilfe erhalten Sie in größeren Ortschaften bei der Notfallstation des Krankenhauses *(pronto soccorso)* und in kleineren Orten beim Notarzt *(guardia medica)*. Krankenkassen geben an ihre Mitglieder eine Bescheinigung über den Sachleistungsanspruch im Ausland aus, die Sie sich vor Reiseantritt besorgen sollten. Anderenfalls bezahlen Sie Arzt- und Apothekenrechnungen zunächst bar und legen die Belege der heimischen Kasse zur – meist problemlosen – Erstattung vor, oder Sie schließen eine Reisekrankenversicherung ab.

## INTERNET

www.enit.it; www.tourism-ticino.ch; www.lakecomo.com; www.schweiz.de; www.lugano.ch; www.lagomaggiore.it; www.ti.ch

# www.marcopolo.de

### Das Reiseweb mit Insider-Tipps

Mit Informationen zu mehr als 4000 Reisezielen ist MARCO POLO auch im Internet vertreten. Sie wollen nach Paris, in die Dominikanische Republik oder ins australische Outback? Per Mausklick erfahren Sie unter www.marcopolo.de das Wissenswerte über Ihr Reiseziel. Zusätzlich zu den Reiseführerinfos finden Sie online:

- täglich aktuelle Reisenews und interessante Reportagen
- regelmäßig Themenspecials und Gewinnspiele
- Miniguides zum Ausdrucken

Gestalten Sie MARCO POLO im Web mit: Verraten Sie uns Ihren persönlichen Insider-Tipp, und erfahren Sie, was andere Leser vor Ort erlebt haben. Und: Ihre Lieblingstipps können Sie in Ihrem MARCO POLO Notizbuch sammeln. Entdecken Sie die Welt mit www.marcopolo.de! Holen Sie sich die neuesten Informationen, und haben Sie noch mehr Spaß am Reisen!

*– Como: L'Altro Café, Via Diaz 28;*
*– Lecco: O'Connor Pub, Via Perazzo;*
*– Manno: Snack Bar Galleria Centro, an der Straße zwischen der Autobahnausfahrt Lugano-Nord und Agno, Centro Galleria 1*
*– Varese: Get-in Web, Centro Commerciale Le Corti, Piazza Repubblica 2;*
*– Verbania-Pallanza: Puntolinea, Piazza Giovanni XXIII*

## KLIMA & REISEZEIT

Die Oberitalienischen Seen faszinieren zu jeder Jahreszeit. Wenns nördlich der Alpen noch eisig kalt ist, blühen an den Seen bereits die Kamelien. Ostern markiert den traditionellen Start zur Reisesaison. April, Mai und Juni charakterisieren sich häufig durch längere Regenperioden. Die durchschnittliche Wassertemperatur in Lago Maggiore und Luganer See beträgt im August 22 Grad, die Luftfeuchtigkeit ist hoch. Im Juli und August ist *tutta Italia* in den Ferien, und es kann schwierig werden, noch ein Hotelzimmer oder einen Stellplatz auf einem Campingplatz zu finden, zumal einzelne Hotels und Restaurants, vor allem im italienischen Teil, gerade im August um Ferragosto Betriebsferien machen. Traumhaft schön, vor allem für Naturliebhaber und Wanderer, präsentiert sich der Herbst: Zwar kann es da schon mal länger regnen, scheint aber die Sonne, werden Sie mit klarer Luft, angenehmen Temperaturen und phänomenaler Fernsicht entschädigt. Der schöne Herbst reicht oft bis weit in den November hinein. Von speziellem Reiz ist der kurze, ausge-

## Wetter in Pallanza/Lago Maggiore

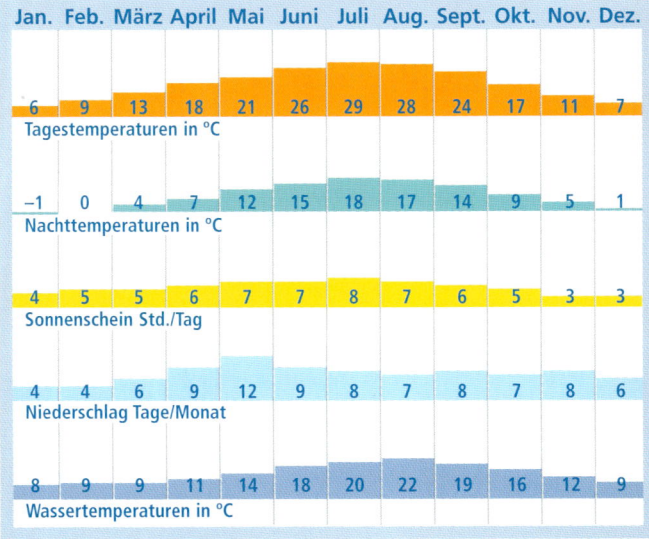

| Jan. | Feb. | März | April | Mai | Juni | Juli | Aug. | Sept. | Okt. | Nov. | Dez. |
|------|------|------|-------|-----|------|------|------|-------|------|------|------|
| 6 | 9 | 13 | 18 | 21 | 26 | 29 | 28 | 24 | 17 | 11 | 7 |

Tagestemperaturen in °C

| -1 | 0 | 4 | 7 | 12 | 15 | 18 | 17 | 14 | 9 | 5 | 1 |

Nachttemperaturen in °C

| 4 | 5 | 5 | 6 | 7 | 7 | 8 | 7 | 6 | 5 | 3 | 3 |

Sonnenschein Std./Tag

| 4 | 4 | 6 | 9 | 12 | 9 | 8 | 7 | 8 | 7 | 8 | 6 |

Niederschlag Tage/Monat

| 8 | 9 | 9 | 11 | 14 | 18 | 20 | 22 | 19 | 16 | 12 | 9 |

Wassertemperaturen in °C

sprochen trockene Winter: In den Bergen liegt Schnee, aber in geschützten Winkeln genießen Sie schon Vorboten des Frühlings. Allerdings sind viele Hotels dann geschlossen. Im Winterhalbjahr ist es daher ratsam, sich schon vor der Abreise darüber zu informieren, ob und welche Hotels am Urlaubsort geöffnet sind.

## MIETWAGEN

In den größeren Orten finden Sie Autovermietungen, oft in Bahnhofsnähe. Einen Kleinwagen erhält man ab ca. 60 Euro pro Tag, Wochenpauschalen beginnen bei ca. 300 Euro. Häufig ist es preiswerter, den Mietwagen vor der Reise zu buchen.

## NOTRUF

### Italien
Rettungsdienst *(pronto soccorso)* *113;* Polizei/Carabinieri *112;* Feuerwehr *(pompieri) 115*

### Schweiz
Rettungsdienst *(pronto soccorso) 144;* Polizei *117;* Feuerwehr *(pompieri) 118*

## ÖFFENTLICHE VERKEHRSMITTEL

Am Lago Maggiore ist mit dem Zug nur das Ostufer zu erreichen. Am Luganer See kreuzt die Bahn den See über den Damm von Melide und lässt den westlichen Seearm links liegen. Am Comer See führt die Eisenbahnstrecke am östlichen Ufer von Colico bis Lecco mit Anschluss nach Como. Die anderen Gebiete werden mit dem gelben Postauto (in der Schweiz) oder mit dem blauen Bus (in Italien)

## Was kostet wie viel?

**Kaffee**
**1,50–2 Euro**
in der Stehbar für eine Tasse Espresso

**Eis**
**3 Euro**
für zwei Kugeln Eis

**Wein**
**um 4,50 Euro**
für eine Karaffe (0,25 l)

**Wasser**
**um 2,40 Euro**
für ein Fläschchen (0,25 l)

**Benzin**
**um 1 Euro**
für 1 l Super bleifrei

**Imbiss**
**um 5,50 Euro**
für ein belegtes *panino*

Durchschnittspreise für Städte und ausgesprochen touristische Gebiete

angesteuert. So kommen Sie mit öffentlichen Verkehrsmitteln praktisch überall hin und können auch Wanderungen unternehmen, bei denen Sie nicht an den Ausgangspunkt zurückkehren müssen. Zu beachten sind allerdings die meist seltenen Fahrten in abgelegene Orte.

## ÖFFNUNGSZEITEN

Im italienischen Teil werden die liberalen italienischen Öffnungszeiten praktiziert. Tendenziell gilt: Mo–Sa 8–12.30 und 14.30–19 Uhr. Oft haben die Läden am Abend auch bis 20 oder 21 Uhr geöffnet, in Touristenorten sind die Läden auch sonntags geöffnet.

Im Tessin gelten im Wesentlichen die schweizerischen Öffnungszeiten (Mo–Fr 8–18.30, Sa 8 bis 17 Uhr, am Donnerstag Abendverkauf bis 21 Uhr).

| € | CHF | CHF | € |
|---|---|---|---|
| 1 | 1,46 | 1 | 0,68 |
| 2 | 2,93 | 2 | 1,37 |
| 3 | 4,39 | 3 | 2,05 |
| 5 | 7,32 | 5 | 3,42 |
| 7 | 10,24 | 7 | 4,79 |
| 8 | 11,70 | 8 | 5,47 |
| 9 | 13,17 | 9 | 6,15 |
| 10 | 14,63 | 10 | 6,84 |
| 50 | 73,15 | 50 | 34,18 |

## POST

Die Postbüros in Italien sind unein-heitlich geöffnet, meist gilt: Mo–Fr 8.30–13.30, Sa 8.45–11.45 Uhr. Ebenso in der Schweiz: Die größeren Poststellen sind Mo–Fr 7.30–12 und 13.45–18, Sa 7.30–11 Uhr geöffnet, kleinere Poststellen nur einige Stunden vormittags.

## PREISE

Das Preisgefüge ist auch in Italien seit der Einführung des Euros durchein-ander gewirbelt worden, wenn-gleich die Preise an den Seen seit je-her höher waren als in vielen ande-ren Regionen Italiens. Das Tessiner Gastgewerbe hat diese Preisaufblä-hung im Nachbarland erfreut zur Kenntnis genommen, denn das Preis-gefälle ist dadurch wesentlich kleiner geworden.

## SCHIFFFAHRT

Auf allen drei Seen herrscht reger Schiffsverkehr. Beliebt sind die Auto-fähren, die lange Umfahrungen ver-hindern: auf dem Comer See von Menaggio nach Bellagio und Va-renna, auf dem Lago Maggiore zwi-schen Intra und Laveno.

## TELEFON & HANDY

Vorwahlen: Italien 0039, Schweiz 0041, Deutschland 0049, Öster-reich 0043. Sowohl in Italien als auch in der Schweiz gibt es keine Vor-wahlen mehr; bei Anrufen aus dem Ausland in Italien muss die Null am Anfang der Nummer mitgewählt werden, bei Anrufen aus dem Aus-land in der Schweiz hingegen muss sie weggelassen werden. In beiden Ländern benötigt man für Telefon-zellen eine Telefonkarte *(scheda te-lefonica),* die in Bars, an Kiosken oder bei der Post verkauft werden. Aus tief eingeschnittenen Bergtälern ist das Telefonieren mit dem Handy nicht immer möglich, ansonsten gibt es keine Probleme.

## TRINKGELD

In beiden Ländern ist der Service in den Preisen inbegriffen. Wenn Sie zufrieden waren, ist ein Trinkgeld (ca. fünf bis zehn Prozent der Rech-nungssumme) üblich.

## ZEITUNGEN

Di, Do und Sa erscheint die »Tessiner Zeitung«, die in Deutsch über das Tessin berichtet und einen ausführ-lichen Veranstaltungskalender ent-hält. Sie wird am Kiosk verkauft und liegt im Sommer an Bahnhöfen und in vielen Hotels gratis aus.

## ZOLL

In der EU dürfen Waren für den pri-vaten Bedarf (u. a. 90 l Wein, 10 l Spirituosen, 800 Zigaretten) frei ein-und ausgeführt werden, in der Schweiz sind u. a. 2 l Wein, 1 l Spiri-tuosen und 200 Zigaretten zollfrei.

# Parli italiano?

**»Sprichst du Italienisch?«**
**Dieser Sprachführer hilft Ihnen, die wichtigsten
Wörter und Sätze auf Italienisch zu sagen**

Zur Erleichterung der Aussprache:

| | |
|---|---|
| c, cc | vor »e, i« wie deutsches »tsch« in deutsch, Bsp.: die**c**i, sonst wie »k« |
| ch, cch | wie deutsches »<«, Bsp.: pa**cch**i, **ch**e |
| ci, ce | wie deutsches »tsch«, Bsp.: **ci**ao, **ci**occolata |
| g, gg | vor »e, i« wie deutsches »dsch« in Dschungel, Bsp.: **g**ente |
| gl | ungefähr wie in »Familie«, Bsp.: fi**gl**io |
| gn | wie in »Kognak«, Bsp.: ba**gn**o |
| sc | vor »e, i« wie deutsches »sch«, Bsp.: u**sc**ita |
| sch | wie in »Skala«, Esp.: I**sch**ia |
| sci | vor »a, o, u« wie deutsches »sch«, Bsp.: la**sci**are |
| z | immer stimmhaft wie »ds« |

Ein Akzent steht im Italienischen nur, wenn die letzte Silbe betont wird. In den übrigen Fällen haben wir die Betonung durch einen Punkt unter dem betonten Vokal angegeben.

## AUF EINEN BLICK

| | |
|---|---|
| Ja./Nein./Vielleicht. | Sì./No./Forse. |
| Bitte./Danke./Vielen Dank! | Per favore./Grazie./Tante grazie. |
| Gern geschehen. | Non c'è di che! |
| Entschuldigen Sie! | Scusi! |
| Wie bitte? | Come dice? |
| Ich verstehe Sie/dich nicht. | Non La/ti capisco. |
| Ich spreche nur wenig … | Parlo solo un po' di … |
| Können Sie mir bitte helfen? | Mi può aiutare, per favore? |
| Ich möchte … | Vorrei … |
| Das gefällt mir (nicht). | (Non) mi piace. |
| Haben Sie …? | Ha …? |
| Wie viel kostet es? | Quanto costa? |
| Wie viel Uhr ist es? | Che ore sono?/Che ora è? |

## KENNENLERNEN

| | |
|---|---|
| Guten Morgen!/Tag! | Buon giorno! |
| Guten Abend! | Buona sera! |

| | |
|---|---|
| Gute Nacht! | Buọna nọtte! |
| Hallo!/Grüß dich! | Ciạo! |
| Wie geht es Ihnen/dir? | Cọme sta?/Cọme stai? |
| Danke. Und Ihnen/dir? | Bẹne, grạzie. E Lei/tu? |
| Auf Wiedersehen! | Arrivedẹrci! |
| Tschüss! | Ciạo! |
| Bis bald! | A prẹsto! |
| Bis morgen! | A domạni! |

## UNTERWEGS

### Auskunft

| | |
|---|---|
| links/rechts | a sinịstra/a dẹstra |
| geradeaus | dirịtto |
| nah/weit | vicịno/lontạno |
| Wie weit ist das? | Quạnti chilọmetri sọno? |
| Ich möchte … mieten. | Vorrẹi noleggiạre … |
| … ein Auto … | … ụna mạcchina. |
| … ein Fahrrad … | … ụna biciclẹtta. |
| … ein Boot … | … ụna bạrca. |
| Bitte, wo ist … | Scụsi, dov'è … |
| … der (Haupt-)Bahnhof? | … la staziọne (centrạle)? |
| … der Hafen? | … il pọrto? |
| … die Haltestelle? | … la fermạta? |
| … der Anleger? | … l'imbarcatọio? |

### Panne

| | |
|---|---|
| Ich habe eine Panne. | Ho un guạsto. |
| Würden Sie mir einen Abschleppwagen schicken? | Mi potrẹbbe mandạre un carro-attrẹzzi? |
| Gibt es hier in der Nähe eine Werkstatt? | Scụsi, c'è un'officịna qui vicịno? |

### Tankstelle

| | |
|---|---|
| Wo ist bitte die nächste Tankstelle? | Dov'è la prọssima staziọne di servịzio, per favọre? |
| Ich möchte … Liter … | Vorrẹi … lịtri di … |
| … Super./… Diesel. | … sụper./… gasọlio. |
| … Bleifrei/… Verbleit. | … sẹnza piọmbo (vẹrde)/ … con piọmbo. |
| Voll tanken, bitte. | Il piẹno, per favọre. |

### Unfall

| | |
|---|---|
| Hilfe! | Aiụto! |
| Achtung!/Vorsicht! | Attenziọne! |
| Rufen Sie bitte schnell … | Chiạmi sụbito … |
| … einen Krankenwagen. | … un'autoambulạnza. |

... die Polizei.
... la polizịa.
... die Feuerwehr.
... i vịgili del fuọco.
Haben Sie Verbandszeug?
Ha materịale di prọnto soccọrso?
Es war meine Schuld.
È stạta cọlpa mịa.
Es war Ihre Schuld.
È stạta cọlpa Sụa.
Geben Sie mir bitte Ihren
Mi dịa il Sụo
Namen und Ihre Anschrift!
nọme e indirịzzo, per favọre!

## ESSEN/UNTERHALTUNG

Wo gibt es hier ...
Scụsi, mi potrẹbbe indicạre ...
... ein gutes Restaurant?
... un buọn ristorạnte?
... ein typisches Restaurant?
... un locạle tịpico?
Gibt es in der Nähe
C'è ụna gelaterịa qui
eine Eisdiele?
vicịno?
Reservieren Sie uns bitte
Può riservạrci per stasẹra un
für heute Abend einen
tạvolo per quạttro persọne?
Tisch für vier Personen.
Auf Ihr Wohl!
(Alla Sụa) salụte!
Bezahlen, bitte.
Il cọnto, per favọre.
Hat es geschmeckt?
Andạva bẹne?
Haben Sie einen
Ha un progrạmma dẹlle
Veranstaltungskalender?
manifestazịoni?

## EINKAUFEN

Wo finde ich ...
Dọve pọsso trovạre ...
... eine Apotheke?
... ụna farmacịa?
... eine Bäckerei?
... un panifịcio?
... ein Fotogeschäft?
... un negọzio di artịcoli fotogrạfici?
... ein Kaufhaus?
... un grạnde magazzịno?
... ein Lebensmittelgeschäft?
... un negọzio di gẹneri alimentạri?
... den Markt?
... il mercạto?
... einen Supermarkt?
... un supermercạto?
... einen Tabakladen?
... un tabaccạio?
... einen Zeitungshändler?
... un giornalạio?

## ÜBERNACHTEN

Können Sie mir bitte ...
Scụsi, potrẹbbe
empfehlen?
consigliạrmi ...
... ein Hotel...
... un albẹrgo?
... eine Pension...
... ụna pensịone?
Ich habe bei Ihnen ein
Ho prenotạto
Zimmer reserviert.
ụna cạmera.
Haben Sie noch ...
È lịbera ...
... ein Einzelzimmer?
... ụna sịngola?

| | |
|---|---|
| ... ein Zweibettzimmer? | ... una doppia? |
| ... mit Dusche/Bad? | ... con doccia/bagno? |
| ... für eine Nacht? | ... per una notte? |
| ... für eine Woche? | ... per una settimana? |
| ... mit Blick auf den See? | ... con vista sul lago? |
| Was kostet das Zimmer ... | Quanto costa la camera ... |
| ... mit Frühstück? | ... con la prima colazione? |
| ... mit Halbpension? | ... a mezza pensione? |

## PRAKTISCHE INFORMATIONEN

**Arzt**

| | |
|---|---|
| Können Sie mir einen guten Arzt empfehlen? | Mi può consigliare un buon medico? |
| Ich habe Durchfall. | Soffro di diarrea. |
| Ich habe ... | Ho ... |
| ... Fieber. | ... la febbre. |
| ... Kopfschmerzen. | ... mal di testa. |
| ... Zahnschmerzen. | ... mal di denti. |

**Post**

| | |
|---|---|
| Was kostet ... | Quanto costa ... |
| ... ein Brief ... | ... una lettera ... |
| ... eine Postkarte ... | ... una cartolina ... |
| ... nach Deutschland? | ... per la Germania? |

## ZAHLEN

| | | | |
|---|---|---|---|
| 0 | zero | 19 | diciannove |
| 1 | uno | 20 | venti |
| 2 | due | 21 | ventuno |
| 3 | tre | 30 | trenta |
| 4 | quattro | 40 | quaranta |
| 5 | cinque | 50 | cinquanta |
| 6 | sei | 60 | sessanta |
| 7 | sette | 70 | settanta |
| 8 | otto | 80 | ottanta |
| 9 | nove | 90 | novanta |
| 10 | dieci | 100 | cento |
| 11 | undici | 101 | centouno |
| 12 | dodici | 200 | duecento |
| 13 | tredici | 1000 | mille |
| 14 | quattordici | 2000 | duemila |
| 15 | quindici | 10000 | diecimila |
| 16 | sedici | | |
| 17 | diciassette | 1/2 | un mezzo |
| 18 | diciotto | 1/4 | un quarto |

# Reiseatlas Oberitalienische Seen

**Die Seiteneinteilung für den Reiseatlas finden Sie
auf dem hinteren Umschlag dieses Reiseführers**

Mit freundlicher Unterstützung von

# total relaxed in den urlaub: einsteiger-übung

1. lehnen sie sich entspannt zurück und gleiten sie in gedanken zu den cleveren angeboten von holiday autos. stellen sie sich vor, als weltgrösster vermittler von ferienmietwagen bietet ihnen holiday autos

   - mietwagen in über 80 urlaubsländern
   - zu äusserst attraktiven preisen

2. vergessen sie jetzt die üblichen zuschläge und überraschungen. dank

   - alles inklusive tarife
   - wegfall der selbstbeteiligung
   - und min. 1,5 mio € haftpflichtdeckungssumme (usa: 1,1 mio €)

   steht ihr endpreis bei holiday autos von anfang an fest.

3. nehmen sie ganz ruhig den hörer, wählen sie die telefonnummer **0180 5 17 91 91 (12cent/min)**, surfen sie zu **www.holidayautos.com** oder fragen sie in ihrem reisebüro nach den topangeboten von holiday autos!

kein urlaub ohne
holiday autos

# KARTENLEGENDE REISEATLAS

| | |
|---|---|
| Autobahn · Gebührenpflichtige Anschlussstelle · Gebührenstelle Anschlussstelle mit Nummer · Rasthaus mit Übernachtung · Raststätte · Erfrischungsstelle · Tankstelle · Parkplatz mit und ohne WC | Motorway · Toll junction · Toll station · Junction with number · Motel · Restaurant · Snackbar · Filling-station · Parking place with and without WC |
| Autobahn in Bau und geplant mit Datum der Verkehrsübergabe | Motorway under construction and projected with completion date |
| Zweibahnige Straße (4-spurig) | Dual carriageway (4 lanes) |
| Fernverkehrsstraße · Straßennummern | Trunk road · Road numbers |
| Wichtige Hauptstraße | Important main road |
| Hauptstraße · Tunnel · Brücke | Main road · Tunnel · Bridge |
| Nebenstraßen | Minor roads |
| Fahrweg · Fußweg | Track · Footpath |
| Wanderweg (Auswahl) | Tourist footpath (selection) |
| Eisenbahn mit Fernverkehr | Main line railway |
| Zahnradbahn, Standseilbahn | Rack-railway, funicular |
| Kabinenschwebebahn · Sessellift | Aerial cableway · Chair-lift |
| Autofähre | Car ferry |
| Personenfähre | Passenger ferry |
| Schifffahrtslinie | Shipping route |
| Naturschutzgebiet · Sperrgebiet | Nature reserve · Prohibited area |
| Nationalpark, Naturpark · Wald | National park, natural park · Forest |
| Straße für Kfz. gesperrt | Road closed to motor vehicles |
| Straße mit Gebühr | Toll road |
| Straße mit Wintersperre | Road closed in winter |
| Straße für Wohnanhänger gesperrt bzw. nicht empfehlenswert | Road closed or not recommended for caravans |
| Touristenstraße · Pass | Tourist route · Pass |
| Schöner Ausblick · Rundblick · Landschaftlich bes. schöne Strecke | Scenic view · Panoramic view · Route with beautiful scenery |
| Heilbad · Schwimmbad | Spa · Swimming pool |
| Jugendherberge · Campingplatz | Youth hostel · Camping site |
| Golfplatz · Sprungschanze | Golf-course · Ski jump |
| Kirche im Ort, freistehend · Kapelle | Church · Chapel |
| Kloster · Klosterruine | Monastery · Monastery ruin |
| Schloss, Burg · Schloss-, Burgruine | Palace, castle · Ruin |
| Turm · Funk-, Fernsehturm | Tower · Radio-, TV-tower |
| Leuchtturm · Kraftwerk | Lighthouse · Power station |
| Wasserfall · Schleuse | Waterfall · Lock |
| Bauwerk · Marktplatz, Areal | Important building · Market place, area |
| Ausgrabungs- u. Ruinenstätte · Feldkreuz | Arch. excavation, ruins · Calvary |
| Dolmen · Menhir · Nuraghen | Dolmen · Menhir · Nuraghe |
| Hünen-, Hügelgrab · Soldatenfriedhof | Cairn · Military cemetery |
| Hotel, Gasthaus, Berghütte · Höhle | Hotel, inn, refuge · Cave |

**Kultur** — **Culture**

| | |
|---|---|
| Malerisches Ortsbild · Ortshöhe | Picturesque town · Elevation |
| Eine Reise wert | Worth a journey |
| Lohnt einen Umweg | Worth a detour |
| Sehenswert | Worth seeing |

**Landschaft** — **Landscape**

| | |
|---|---|
| Eine Reise wert | Worth a journey |
| Lohnt einen Umweg | Worth a detour |
| Sehenswert | Worth seeing |

**Ausflüge & Touren** — **Excursions & tours**

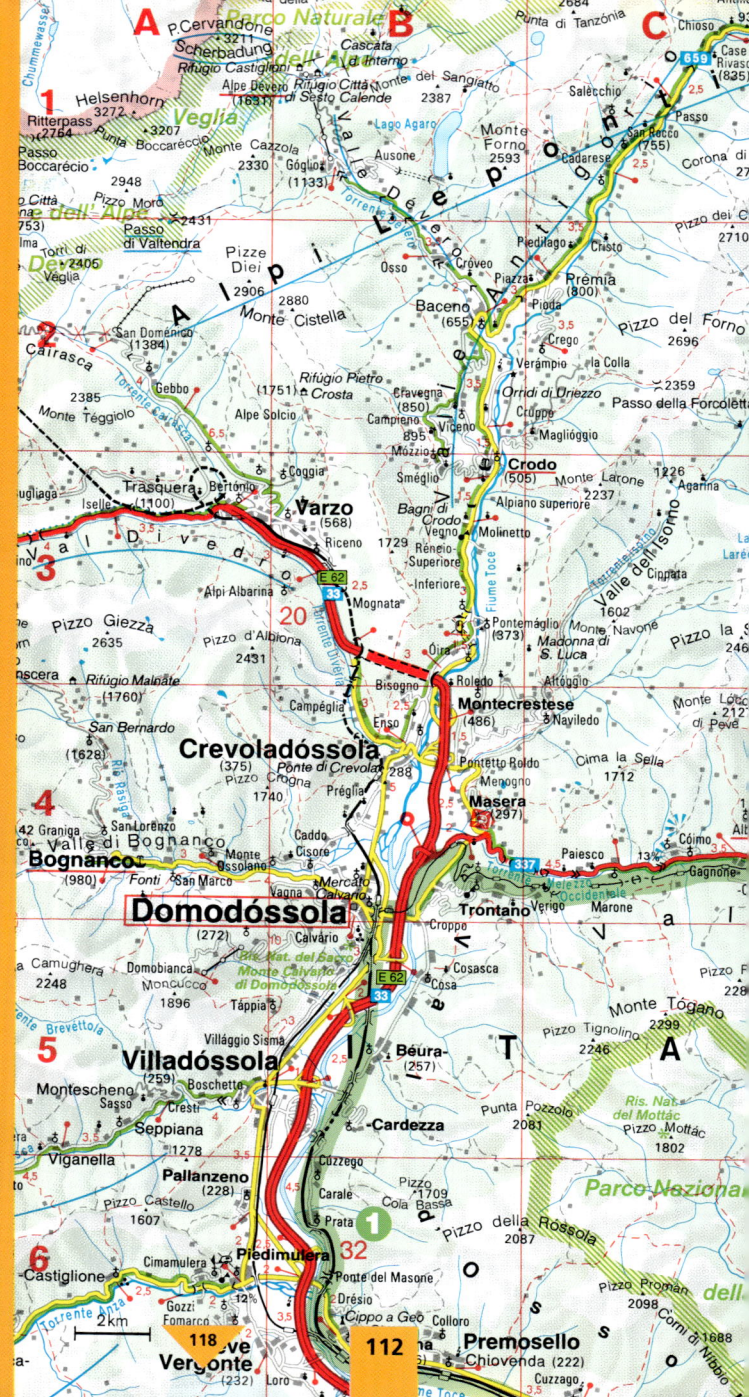

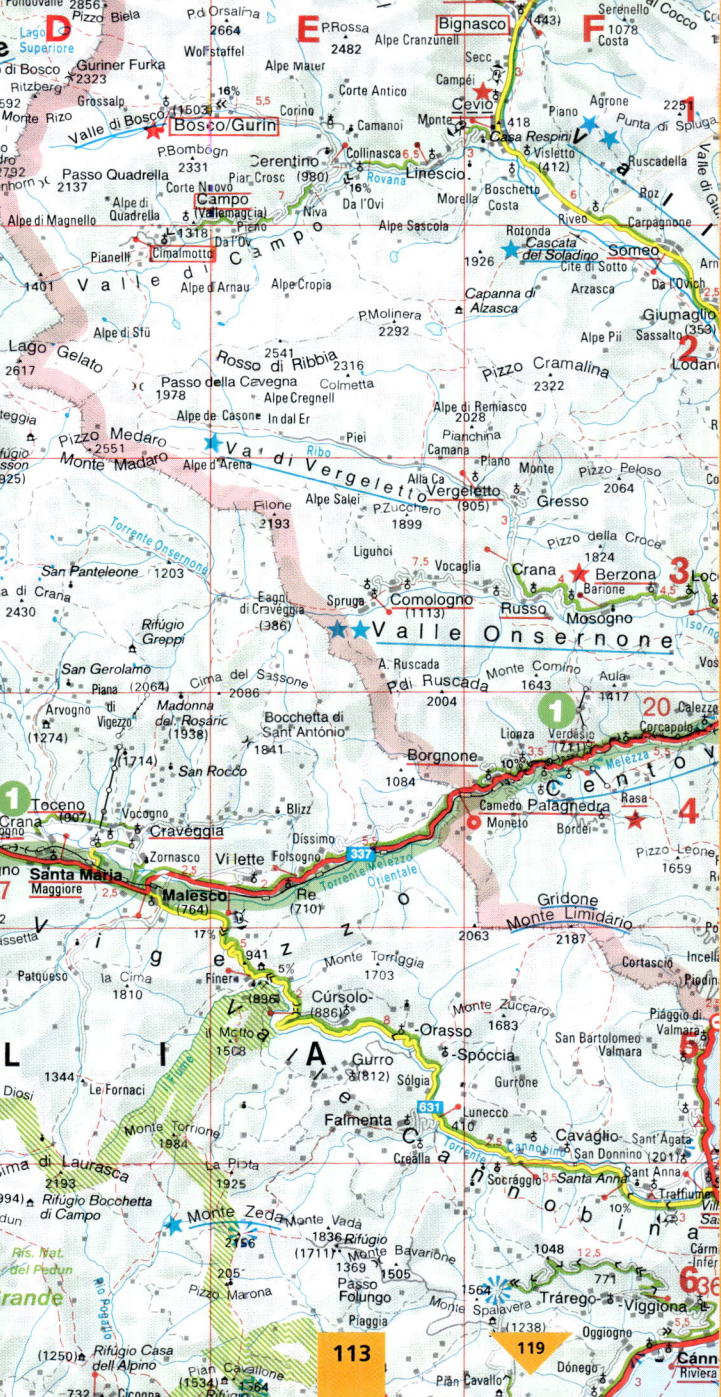

119

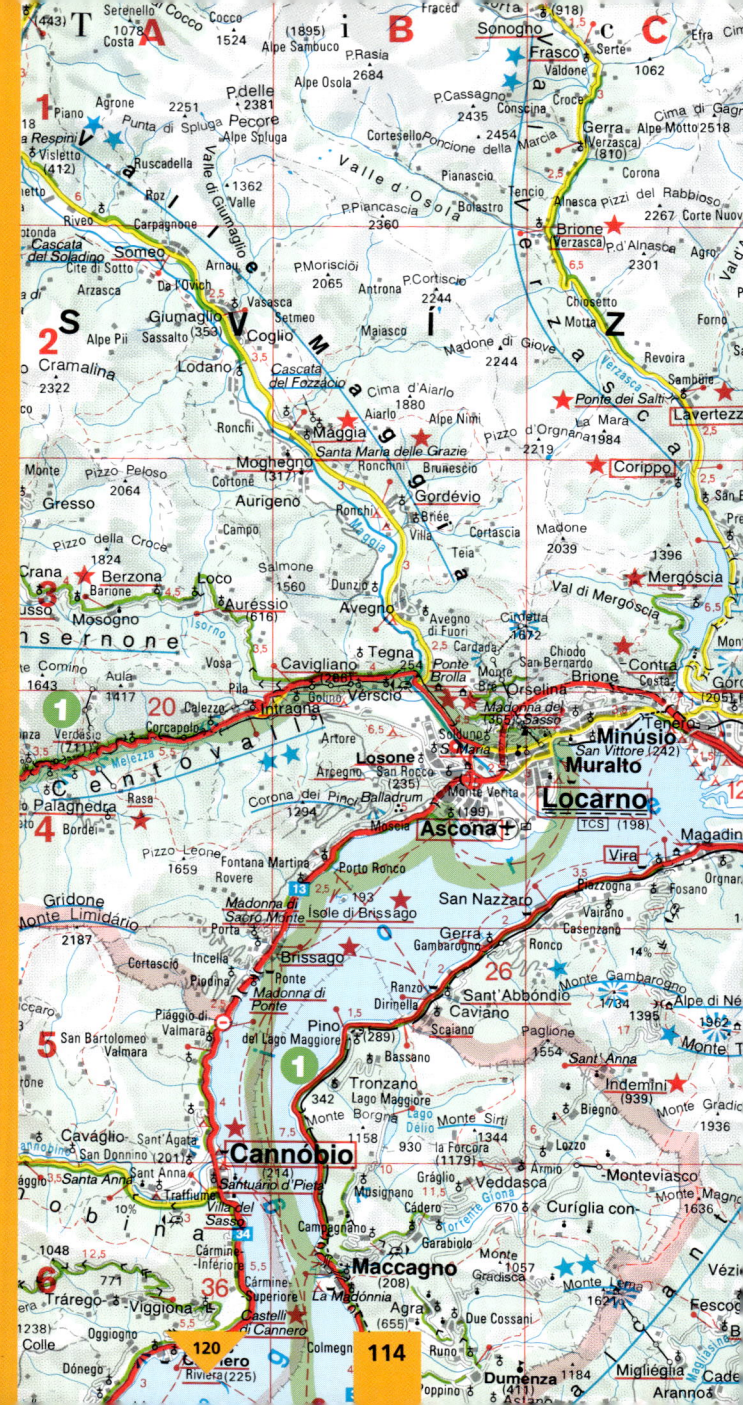

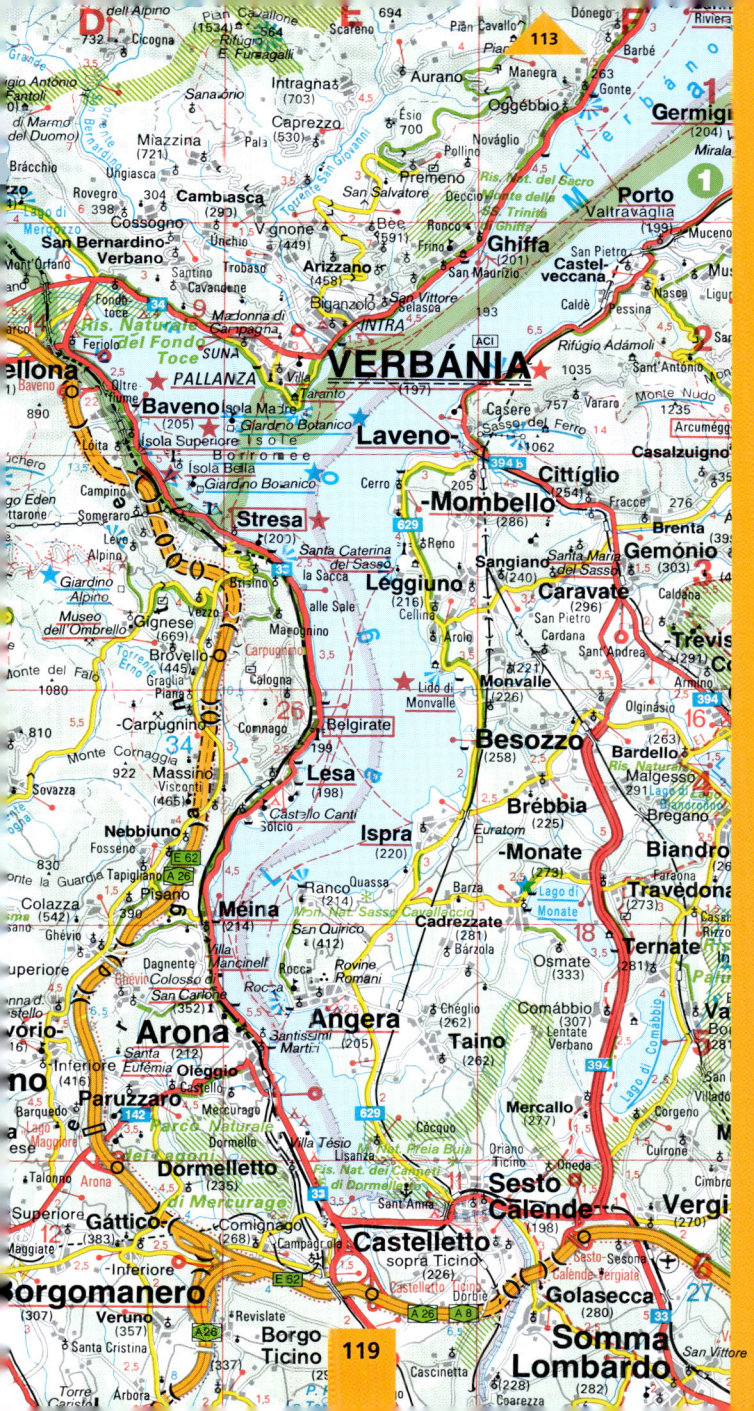

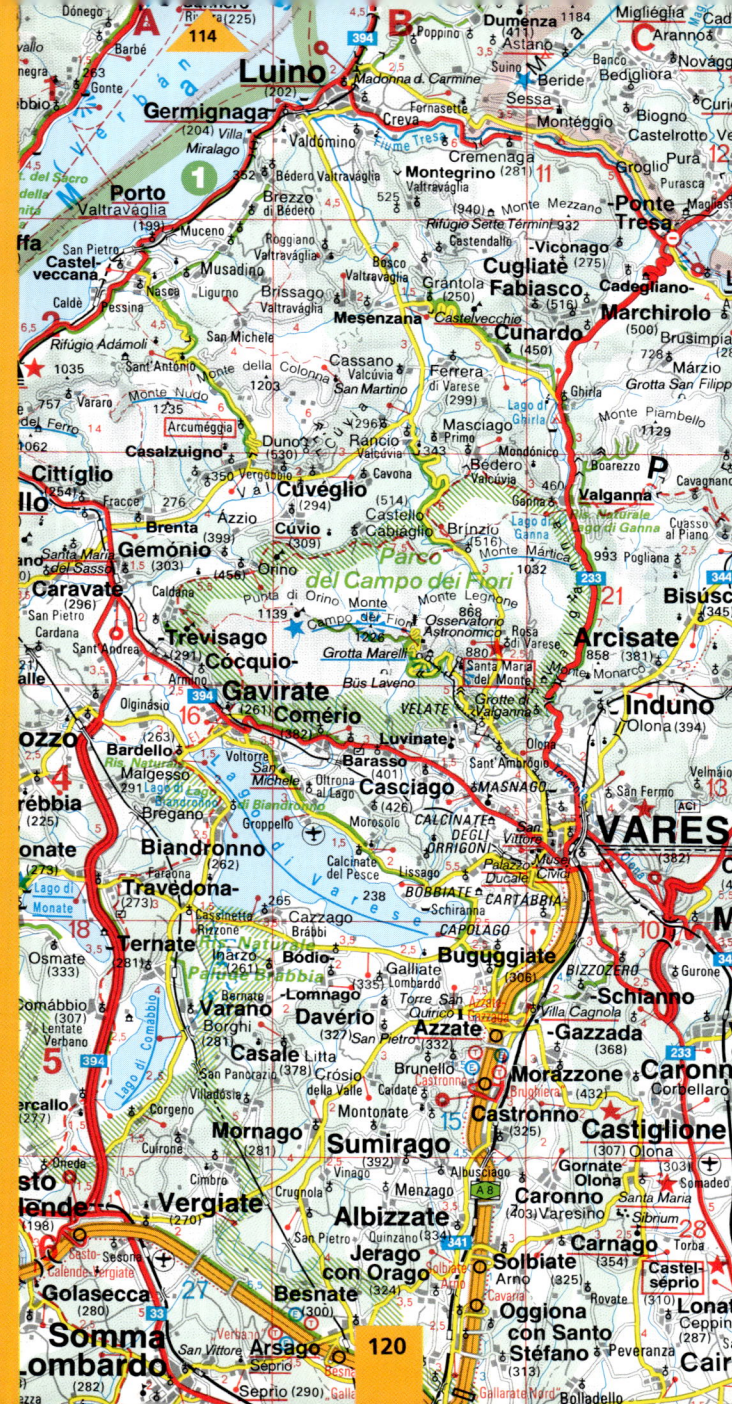

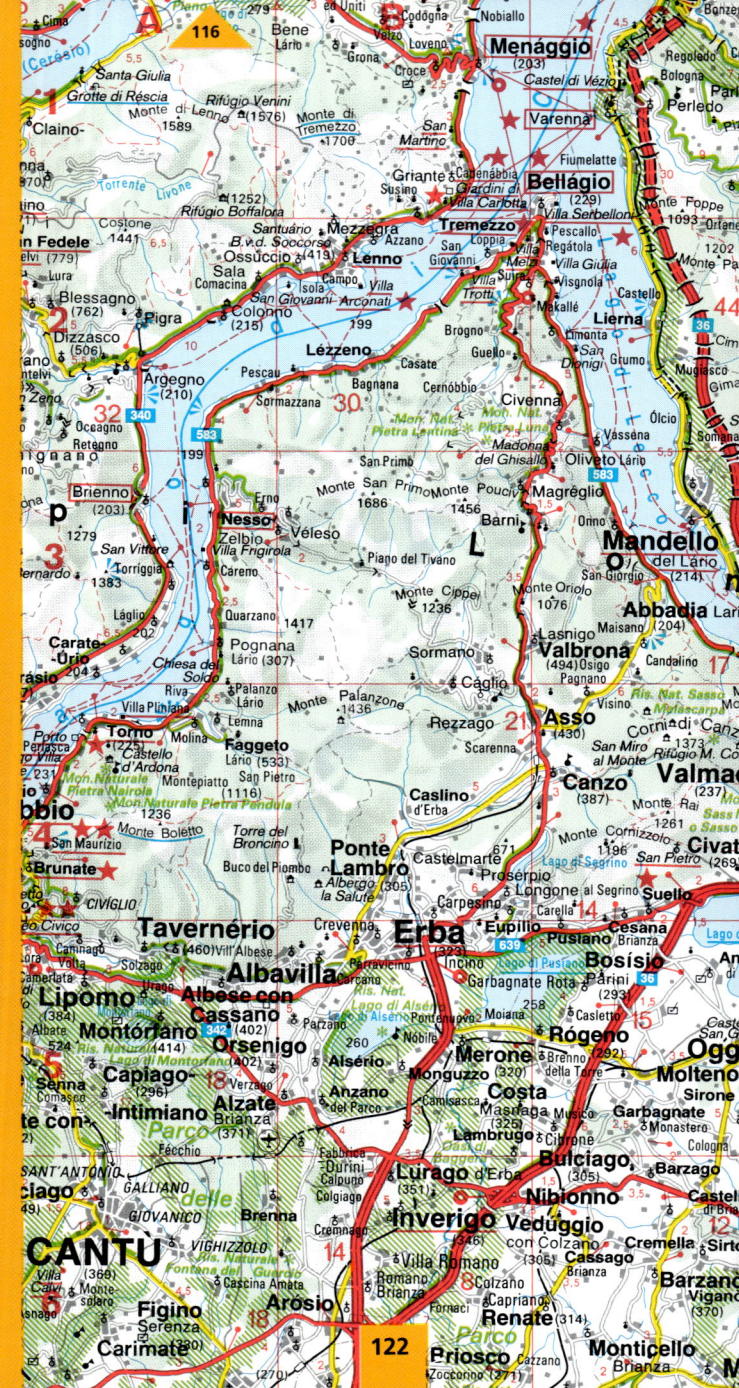

# total relaxed in den urlaub: übung für fortgeschrittene

1. schliessen sie die augen und denken sie intensiv an das wunderbare wort „ferienmietwagen zum alles inklusive preise". stellen sie sich viele extras vor, die bei holiday autos alle im preis inbegriffen sind:

- unbegrenzte kilometer
- haftpflichtversicherung mit min. 1,5 mio €uro deckungssumme (usa: 1,1 mio €uro)
- vollkaskoversicherung ohne selbstbeteiligung
- kfz-diebstahlversicherung ohne selbstbeteiligung
- alle lokalen steuern
- flughafenbereitstellung
- flughafengebühren

2. atmen sie tief ein und lassen sie vor ihrem inneren auge die zahlreichen auszeichnungen vorbeiziehen, die holiday autos in den letzten jahren erhalten hat.

sie buchen ja nicht irgendwo.

3. nehmen sie ganz ruhig den hörer, wählen sie die telefonnummer **0180 5 17 91 91 (12cent/min)**, surfen sie zu **www.holidayautos.com** oder fragen sie in ihrem reisebüro nach den topangeboten von holiday autos!

kein urlaub ohne
holiday autos

# MARCO POLO

## Für Ihre nächste Reise gibt es folgende Titel: